核心评估与训练

核心能力的精准测试与针对性发展

（修订版）

[美] 美国人体运动出版社（Human Kinetics） 主编
杰森·布鲁米特（Jason Brumitt）

王轩 译

人民邮电出版社

北京

图书在版编目（CIP）数据

核心评估与训练：核心能力的精准测试与针对性发展 / 美国人体运动出版社，（美）杰森·布鲁米特（Jason Brumitt）主编；王轩译. -- 2版（修订版）. -- 北京：人民邮电出版社，2023.9
ISBN 978-7-115-59803-5

Ⅰ. ①核… Ⅱ. ①美… ②杰… ③王… Ⅲ. ①身体训练 Ⅳ. ①G808.14

中国版本图书馆CIP数据核字(2022)第136885号

版权声明

免责声明

本书内容旨在为大众提供有用的信息。所有材料（包括文本、图形和图像）仅供参考，不能用于对特定疾病或症状的医疗诊断、建议或治疗。所有读者在针对任何一般性或特定的健康问题开始某项锻炼之前，均应向专业的医疗保健机构或医生进行咨询。作者和出版商都已尽可能确保本书技术上的准确性以及合理性，且并不特别推崇任何治疗方法、方案、建议或本书中的其他信息，并特别声明，不会承担由于使用本出版物中的材料而遭受的任何损伤所直接或间接产生的与个人或团体相关的一切责任、损失或风险。

内 容 提 要

核心训练在保持健康、预防损伤、提升运动表现和康复治疗方面发挥着重要的作用。本书详解核心功能解剖学，如何对客户进行身体评估和功能性测试，及计划设计的基础原理。本书还提供了130余个核心训练动作，涵盖核心耐力和力量训练、核心柔韧性训练、快速伸缩复合训练。无论您是私人教练、力量教练或康复专家，这本书都将帮助您学到核心训练的要领，从而掌握如何评估每个客户的需求和设计定制的训练内容。

◆ 主　　编　美国人体运动出版社（Human Kinetics）
　　　　　　　［美］杰森·布鲁米特（Jason Brumitt）
　　译　　　　王　轩
　　责任编辑　李　璇
　　责任印制　马振武
◆ 人民邮电出版社出版发行　　北京市丰台区成寿寺路 11 号
　　邮编　100164　　电子邮件　315@ptpress.com.cn
　　网址　https://www.ptpress.com.cn
　　涿州市京南印刷厂印刷
◆ 开本：700×1000　1/16
　　印张：10　　　　　　　　　　2023 年 9 月第 2 版
　　字数：230 千字　　　　　　　2023 年 9 月河北第 1 次印刷
　　　　　著作权合同登记号　图字：01-2016-6559 号

定价：68.00 元

读者服务热线：(010)81055296　印装质量热线：(010)81055316
反盗版热线：(010)81055315
广告经营许可证：京东市监广登字 20170147 号

目　录

前言 ·· v

在线视频访问说明 ·· vi

第1章 核心训练简介 ·· 1

　　制订最佳训练计划面临的挑战 ··· 1

　　缺失的核心训练 ·· 4

　　定义核心训练 ··· 4

　　小结 ··· 8

第2章 核心功能解剖学 ··· 9

　　核心解剖学 ··· 9

　　结构和功能的整合 ··· 21

　　小结 ·· 24

第3章 客户访谈：评测客户的第一步 ····································· 25

　　获得病史和体检合格证 ··· 25

　　客户访谈 ·· 26

　　小结 ·· 29

第4章 身体评估和功能性测试 ·· 35

　　核心评估概述 ·· 35

　　站姿评估 ·· 36

　　在治疗床或垫子上评估 ·· 42

　　核心耐力测试得分 ··· 47

　　小结 ·· 47

第5章 计划设计的基础原理 ··· 49

　　需求分析 ·· 49

　　选择练习 ·· 50

　　周期性原则 ··· 52

　　平衡训练和稳定性训练 ·· 54

　　小结 ·· 55

第6章 核心练习 ································· 57

增强核心耐力和力量 ······························ 57

增强核心力量 ································ 80

小结 ······································ 85

第7章 核心柔韧性 ································· 89

什么是柔韧性? ······························ 90

拉伸方式分类 ································ 91

在拉伸中使用泡沫轴 ···························· 95

拉伸 ······································ 96

小结 ······································ 118

第8章 快速伸缩复合训练 ···························119

快速伸缩复合训练的历史 ·························· 119

快速伸缩复合训练的科学依据 ························ 119

快速伸缩复合训练计划的设计原则 ····················· 121

快速伸缩复合训练的先决条件 ························ 122

其他训练注意事项 ····························· 122

快速伸缩复合训练的练习 ·························· 123

小结 ······································ 132

第9章 核心训练的特殊注意事项 ·······················133

核心损伤和训练注意事项 ·························· 133

核心和运动表现 ······························ 139

小结 ······································ 141

参考文献 ····································· 142

关于作者 ····································· 150

关于译者 ····································· 151

前　言

核心训练是当前最热门的健身和康复治疗项目之一。近年来，人们对核心训练在健康保持、损伤预防、运动表现提升和康复治疗方面的作用有了更深的理解。此外，生物力学和运动医学从业人员始终在不断加深这种理解——新的突破不断出现。我们在10年前认为是正确的一些东西，如今未必正确！

遗憾的是，核心评测和核心训练这些术语有时被错误地当作总结性短语，用来描述声称旨在训练此身体区域的任意练习或系列练习。核心稳定性训练的概念常常被误解，这会导致训练计划设计欠佳，有时甚至会让训练计划变得危险。

无论您是私人教练、力量教练还是康复专业人员，您都必须能够正确分析核心功能，并能够实施安全有效的训练计划。只有这样，您才能够帮助客户最大限度地实现其目标。

没有完全一样的两个人。因此，为两个人制订的训练计划不应该是完全一样的！本书将帮助您提高评测客户基础核心功能的能力，还将帮助您为每个客户设计最佳的个性化训练计划（本书数据截至英文版成稿时）。

在线视频访问说明

本书提供大部分核心评估与训练的在线视频，您可以按照以下步骤，免费观看本书在线视频。

步骤1 点击微信聊天界面右上角的"+"，弹出功能菜单（图1）。点击"扫一扫"，扫描右侧二维码。

步骤2 添加"阿育"为好友（图2），然后进入聊天界面并回复关键词"59803"（图3）。

图1　　　　　　　　图2

步骤3 点击弹出的视频链接（图3），进入视频列表（图4），再次点击视频名称即可直接观看视频。

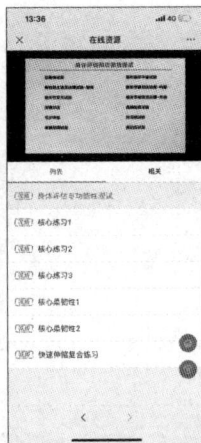

图3　　　　　　　　图4

第1章
核心训练简介

健身和运动医学专业人员的共同目标是为其客户和运动员制订和实施最佳训练计划。为了培养更好的运动员并改善运动与人类行为表现，个人、学校和专业团队每年都会花费数十亿美元。同样，每年都有成千上万的人通过聘请私人教练来改善他们的健康状况并增强体质。尽管运动是为了获得最佳运动表现或增强体质，但运动的人（更不用说那些不运动的人了）难免会受伤。

制订最佳训练计划面临的挑战

随着技术进步及改善运动与人类行为表现的训练方法的创新，有人可能会认为与运动或工作相关的过度使用性损伤已成为过去。不幸的是，事实并非如此。医生办公室、急诊室、理疗诊所和体育训练中心常常满是竞技运动员、"周末战士"和来治疗肌肉骨骼损伤的劳动者。每年寻求肌肉骨骼损伤治疗的美国人所支付的医疗保健费用高达数十亿美元。

大多数肌肉骨骼损伤是下背部损伤（或腰痛）。与腰痛相关的经济成本是惊人的。在美国，每年花在治疗腰痛上的经费已经超过250亿美元（Luo et al.，2004）。

在美国，据估计每年与腰痛相关的总经济成本（医疗保健费用、误工时间、生产力下降等导致的成本）接近2000亿美元（Katz，2006）。

每年有数百万患者在接受执业医师（例如理疗师、运动训练师、脊椎按摩师和按摩治疗师）的保守治疗。采用保守治疗但未获得改善的患者可能需要更广泛的医疗评估（包括影像扫描检查），止痛药或消炎药等处方药，以及注射或手术等介入治疗。这些医学治疗并不是没有风险的：X光照片（X射线）会让身体暴露在辐射中，处方药可能会对人体产生副作用，注射或手术等介入治疗有时并不能减轻患者的痛苦。尽管有资金专门用于诊断和治疗腰痛，但最佳治疗策略并不仅仅包括医疗服务人员的工作。最佳治疗策略的重点是制订一个侧重于训练核心肌群的综合训练计划。

为什么运动员和健身客户仍然会受伤？

为什么运动员仍然会受伤？一个可能的原因是运动员的力量训练计划设计得不恰当，如未能解决所有潜在的受伤危险因素。制订和实施力量训练计划时，许多健身教练依靠的是他们自己过去的经验或训练专家的建议。过去的经验或来自训练专家（他们通常也依赖自己过去的经验）的建议可能会在制订计划初期提供指导。但是，这些惯例可能没有考虑到综合训练计划的一个或多个关键要素。对于寻求训练计划设计的健身教练来说，最好的选择是使用研究文献。不幸的是，很多时候并没有很好的研究文献来帮助指导设计训练计划。本书着重介绍了训练计划（使用前提是具有相关研究文献的支持）。此外，本书还提供了循证策略，以帮助教练、健身专家和运动医学从业人员，设计和实施最佳核心训练计划。这些策略使训练计划的设计者可以填补研究文献方面的空白，为客户制订有效的训练计划。

女性越野运动员能否与男性足球运动员执行相同的力量训练计划？显然不能。但是，一些运动员却被要求执行一个"通用的"训练计划。尽管不同的运动群体可以进行一些类似的训练，但是运动员的训练计划应该根据其生理需求及力量和体能需求制订。此外，最终的训练计划应将受伤风险因素和科学的动作模式考虑在内。

为了强调在制订力量训练计划时使用研究文献所面临的挑战，我们来了解一下越野运动中的高中女性运动员。耐力跑者有任意下肢关节受伤的风险。高中越野运动员的流行病学研究发现，与男性越野运动员相比，女性越野运动员发生下肢损伤的风险更大（Rauh et al.，2000；Rauh et al.，2006）。受伤后，大多数运动员在休息1～4天后就能够重回训练场。尽管因受伤而休息的时间很短，但如果是在比赛的前一天或前两天受伤，所造成的影响会很大。另一个调查结果也很有意义，那就是，一旦受伤，在同一赛季里，越野运动员同一部位再次受伤的风险将增加4～5倍。

一旦证明了某特定人群（在本例中是高中女性越野运动员）有受伤风险或者比另一人群的受伤风险更高，则应该调查潜在的风险因素。许多风险因素都会引起跑步相关损伤，但

是已发布的报告很少支持（或驳斥）这些说法。为确定高中越野运动员胫骨内侧应力综合征（MTSS）的发生率，以及与此损伤相关的潜在风险因素，相关专家进行了一次流行病学调查（Plisky et al.，2007）。此次调查分析的风险因素包括性别、身体质量指数（BMI）、跑步经验、舟状骨下降（脚部力学特征的客观度量标准）和跑步损伤记录。高中女性越野运动员的MTSS的发生率较高，并且只有一个风险因素（更高的BMI）与MTSS的发生率升高相关。

此类流行病学报告的结果会影响为高中越野运动员制订训练计划的力量训练教练。但是，关于此运动群体（高中女性越野运动员）的报告表明，缺少与可能增加损伤风险的每个潜在因素（这些因素可能包括髋部肌肉无力、核心肌群耐力差，以及髋部和腰部的活动度不对称等）相关的研究文献。由于缺少评估所有潜在风险因素的流行病学调查报告，因此制订和实施可降低受伤风险的训练计划仍是一个挑战。

在缺少研究文献时（在本例中是指缺少流行病学调查报告和循证训练计划），专业人员应该查找以类似群体（例如大学跑者而不是高中跑者）为研究对象的其他报告。这些补充报告可以提高为高中女性越野运动员制订计划的准确度。

在一项类似的研究中，研究人员使用手持式测力计来客观测量30名业余跑步爱好者（年龄在18～55岁）的6个髋部肌群的力量，并诊断出他们患有与跑步相关的单侧过度使用性损伤（Niemuth et al.，2005）。研究人员将这些调查结果与未受损伤的跑者对照组进行了比较。他们发现，对照组和受伤跑者的健侧髋部肌肉呈现出的力量没有明显差异。但

是，在测试组（受伤跑者）中，受伤一侧的髋外展肌和髋屈肌明显较弱；此外，受伤一侧的髋内收肌明显较强。虽然我们从这项研究中不能得出直接的因果关系结论，但研究结果表明，髋关节无力或肌力不平衡可能与跑步受伤有关。

在另一项回顾性研究中，研究人员发现长跑运动员的髋外展肌无力与髂胫束摩擦综合征（ITBS）相关（Fredericson et al.，2000）。与未受伤的对照组相比，被诊断出患有 ITBS 的跑者的髋外展肌明显无力。测试组由 24 名参与"跑者创伤诊所"评估的大学或俱乐部的长跑运动员组成，他们都患有 ITBS。研究人员将他们与一个由斯坦福大学的越野或田径队的 30 名长跑运动员组成的对照组进行了比较。测试组随后参与了一个为期 6 周的康复计划。此康复计划包括一次或两次物理治疗以及按照标准运动治疗方案（由两个针对臀中肌的加强练习和两个拉伸练习组成）进行的渐进治疗。参与康复计划的受伤运动员实现了 35%（女性）~ 51%（男性）的髋外展肌力矩增加。此外，24 名跑者中有 22 名在 6 周内重返赛场。此研究是对下列临床观点的一个重要补充性研究，即长跑运动员的髋关节无力可能会严重影响其动作模式，从而造成下肢的过度使用性损伤。

这些报告的研究结果表明，核心肌群无力可能是导致跑步相关损伤发生的一个因素。尽管有必要进行额外的前瞻性调查，但研究表明，针对这一人群制订的力量训练计划应解决核心肌群无力这一问题。

很少有研究可用于指导设计非竞技性训练者的训练计划。大多数运动医学研究主要关注竞技运动（高校联赛或职业联赛），因此缺少与业余运动员或"周末战士"相关的研究文献。此外，从事高强度体力劳动工作的人员很难找到相关的流行病学调查报告或循证训练计划。虽然在人体工程学领域，企业的预防损伤计划的实施以及有关正确的力学知识、身体意识和工作相关的肌肉骨骼损伤的员工培训在不断进行，但是这些损伤造成了生产力损失、医疗成本飙升，并且扰乱了员工的生活方式。

当前的计划缺少什么？

有时，运动员和健身爱好者不能遵循为他们制订的训练或康复计划。在一些情况下，训练专家可以通过恰当地激励客户来解决这一问题，尽管这并不是一个简单的问题（Brown，2004；Middleton，2004；Milne et al.，2005；Muse，2005；Sabin，2005）。但是，此问题通常是力量训练专家（例如健身教练、体能教练或运动医学专业人员）未能制订综合训练计划而导致的结果。

制订计划可能极具挑战性。训练专家可能会感到不知所措，只想弄清楚从哪里开始。如果可以根据个人的运动目标或功能目标制订一个通用的训练计划，那么制订计划就会变得很容易。"菜谱式"计划的优点是它可以根据对其他训练员、教练或康复专业人员有益的内容提供训练建议。但不幸的是，"菜谱式"计划考虑不到运动员或健身爱好者的个体差异。

下面的临床案例是一些在运动损伤防护室、康复诊所和健身中心每天都可能会见到的运动员或健身爱好者的示例。在代入每个场景时，请您尝试找出每个运动员或健身爱好者的潜在功能缺陷或限制，然后提出一些训练方法帮助他们克服这些功能障碍。

■ **临床案例 1** 一位 35 岁的女性健身爱好者想要恢复跑步计划。过去，她依靠跑步来保持身体健康。此外，她还参与过每周末举行的 5 000 米和 10 000 米趣味跑步活动，并且希望能够再次参加这些活动。4个月前，她进行了剖宫产手术，并且在过去的一年半中一直没有跑步。该客户存在与剖宫产相关的腹部肌肉无力的问题，并且很可能还存在核心肌力不平衡的问题。肌肉功能障碍和肌肉无力问题如果得不到解决，可能会引起与下背部或下肢相关的跑步损伤。增加核心训练计划可能有助于降低造成损伤的风险。

■ **临床案例2**　一位高水平的铁饼运动员经常会出现腰肌劳损。他在每天练习超过2小时时，通常会出现腰痛。他目前正在执行一个包含深蹲和弓步的训练计划（他的教练从一个田径网站上获得了此计划）。他能够举起的重量说明他有足够的能力和力量，但这显然还有些欠缺。评估他的核心肌群的耐力至关重要，这些肌肉如果无力就会影响他投掷铁饼时力量的生成和传递。

■ **临床案例3**　一位23岁的女性忍受了3年的双膝前侧疼痛。她之前进行的3次物理治疗均未能减轻疼痛或提高功能水平。她是一名医疗转录员，通常久坐不动。她一直在做她的物理治疗师为她制订的运动训练计划：直腿抬高和短弧股四头肌肌力训练，以加强对髋屈肌、股四头肌和腘绳肌的拉伸。如果康复计划或康复后计划只强调股四头肌和腘绳肌，它是不是合理的？有研究表明，髋部肌肉组织在下肢生物力学机制中起着至关重要的作用。髋部无力可能会明显增加膝盖承受的压力。

缺失的核心训练

在上一节描述的案例中，训练计划不起作用很可能是因为它们缺少一个至关重要的组成部分：核心训练。

核心训练是健身和康复领域的一个流行词，但人们对它仍缺乏了解。在一些教练或治

疗师制订的训练计划中，他们所选的核心训练（或缺乏核心训练的情况）通常令人震惊。核心训练应作为所有训练和康复计划的基础。但值得注意的一点是，核心训练不应该引起或造成客户的功能障碍。遵循训练专家的建议的健身专业人员可能会给他们的客户带来麻烦。这些健身专业人员可能会让所有客户实施同一个风靡一时的训练计划或一个通用的训练计划，而不考虑不同客户的需求和目标。

本书列举的策略将帮助您设计和实施循证核心训练计划，降低受伤的风险，并最大限度地优化客户的表现（运动或功能表现）。为制订最佳训练计划，您必须能够评估客户的功能需求，确定他们的弱点，并制订相应的练习。本书将指导您完成核心训练的评估、测试制订。

定义核心训练

在制订核心训练计划之前，您必须了解核心及其独特的功能作用。核心是由腹部、腰部、骨盆和髋部的肌肉与骨骼结构组成的身体区域。人体肌肉骨骼系统如图1.1所示（第2章讲解了核心功能解剖学的相关知识）。核心肌群有双重作用：第一个作用是防止脊柱承受的（可能有害的）压力过大，即稳定脊柱；第二个作用是在运动中以由近端至远端的运动次序生成和传递力量（Kibler et al., 2006）。由近端至远端的运动次序指的是运动中某个身体部位产生力量并使力量经过身体进行传递。一种了解人体由近端至远端的运动次序的简单方法就是，想象棒球运动中的投球动作。在投手开始投球前（挥舞手臂时），他的后侧腿正在产生力量。投球期间，该力量从下肢（近端）通过身体传递到投掷臂（远端），以便最大限度地提高投掷速度。

当核心肌群处于最佳功能状态时，人就

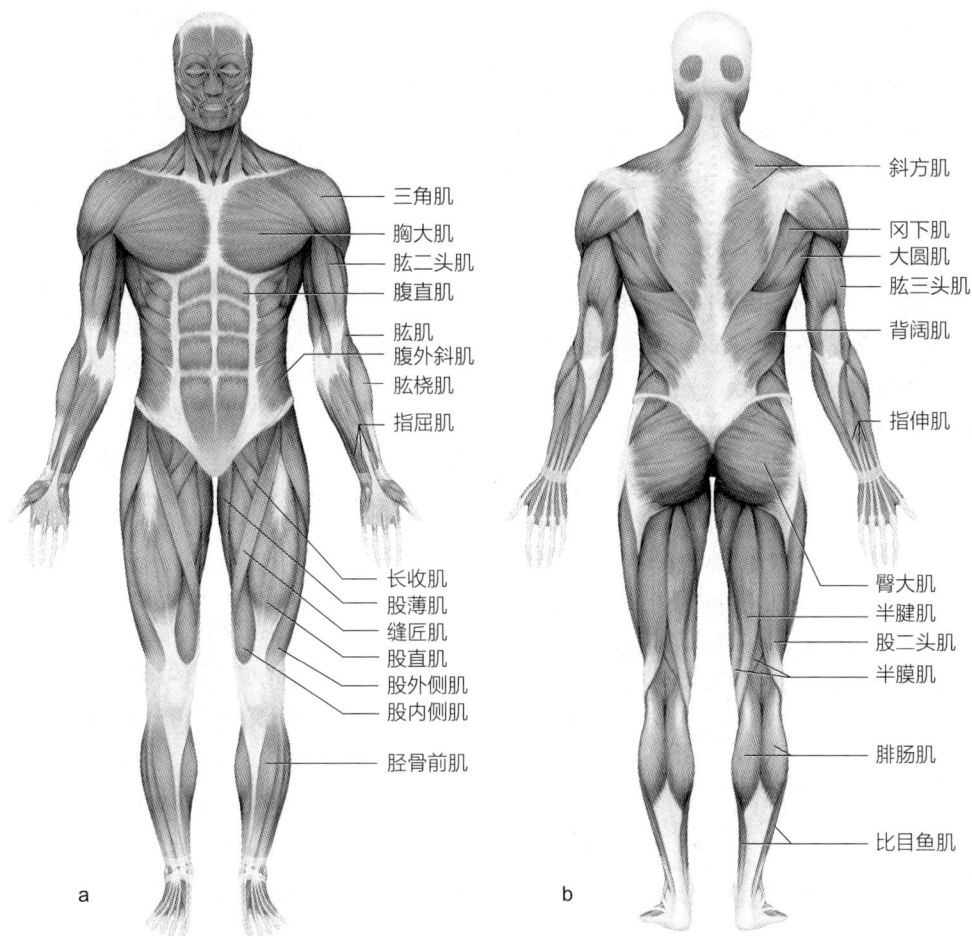

图1.1 人体肌肉骨骼系统正面（a）和背面（b）
注：核心由腹部、腰部、骨盆和髋部的肌肉与关节组成。

Reprinted, by permission, from NSCA, 2008, Biomechanics of resistance exercise, by E. Harman. In *Essentials of strength training and conditioning*, 3rd ed., edited by T. Baechle and R. Earle (Champaign, IL: Human Kinetics), 68.

可以安全地进行运动。当存在功能障碍时，人的表现将受到影响，并且这还会增加受伤的风险。

与核心训练相关的两个术语是"核心稳定性"和"核心稳定"。这些术语与保护脊柱的核心肌群能力相关，它们也用于描述增强核心稳定性的训练。对于运动员来说，核心稳定性的定义是"在综合体育活动（或运动链）中控制骨盆和躯干的位置和运动，使力量的产生、传递和控制达到最佳的一种能力"（Kibler et al.，2006）。未接受充分训练的肌肉将限制核心在工作时的有效性。核心训练是使用特定练习来最大限度地增强核心的独特功能作用的过程。

您的客户中有多少人正在进行基本的核心训练？答案应该是所有客户。所有健身客户、运动员、康复客户和康复后客户都会从针对其设计的包含核心训练的训练计划中受益。

增强体质

许多寻求健身专业人员服务的人对核心训练只有基本的了解。许多人进行的核心训练可能会受到其对核心训练的有限了解的限制。一些人可能认为只能使用在深夜广告上看到的"独一无二的"设备来进行核心训练。对于其他人来说，核心训练等同于进行器材练习，如坐姿划船和颈前下拉。不幸的是，一些人高价获取健身房会员资格的唯一目的是使用一些声称可以单独训练某些关键核心肌群的器材。但是实际上，大多数人可以在不使用任何器材的情况下进行核心训练。

您作为私人教练或力量教练提供的服务可能是一些客户基于健康或健身需求而要求的相关服务。如果是这样，您必须仔细倾听客户的个人需求及其想要实现的目标。您必须考虑任何可能需要转诊给医生或适当的健身专业人员的情况。然后，您应该选择能使客户最大限度地发挥其潜力的合理运动。

警告

为了防止客户觉得无聊，一些健身专业人员制订的运动训练计划既不起作用，也不安全。您应避免让客户进行杂技训练！一个杂技训练的示例是一名55岁的非竞技人员将一条腿放在博苏球上保持平衡并同时使用拉力器进行下拉。正如您将在本书后面看到的那样，许多增强核心稳定性的最佳运动是以静态姿势或在一个运动平面上进行的。这些运动需要很少的器材，或者不需要任何特殊器材。对这些基本的功能训练进行细微的更改将增加客户的挑战，而不会威胁其人身安全。

伤病预防和康复治疗

如前所述，下背部损伤（或腰痛）是医生、整骨医生、物理治疗师和脊椎按摩师治疗的最常见的疾病之一。不幸的是，医学专业人员缺乏对如何有效治疗下背部损伤的共识。在防止下背部损伤的发作方面，预防胜于治疗。

腰痛影响了高达80%的美国人（Rasmussen-Barr et al.，2003）。一些人因为机动车事故或从高处坠落等创伤事件而导致下背部损伤。在这些情况下，力量训练计划或损伤预防计划不太可能帮助人们避免受伤。另外，大多数患者是因为对脊柱的关节和肌肉重复施加过大的压力才导致腰痛。如果有恰当的循证力量训练计划，这些患者就可以避免很多损伤。

有一类人从事对体力要求较高的工作，因此训练专家需要改变他们看待这些人的方式。和运动员一样，这些劳动者的身体需要长时间处于最佳状态，因此，这些劳动者应被视为工人中的运动员或者职业运动员。如果说职业运动员需要进行锻炼来避免受伤并提升表现，工人中的运动员同样如此。一些工人可能在先进的组织和公司接受了专门的训练，但这并不是普遍现象。对于力量训练专家来说，为从事体力劳动的人制订健康计划（其中包括核心训练）是一个新兴市场。

针对受伤的工人中的运动员的康复计划应包括核心训练，无论此人是否有下背部损伤或肢体损伤。研究人员测试了接受单侧膝关节手术的个体髋部双侧的等长肌力（Jaramillo et al.，1994），发现患侧的髋屈肌、髋伸肌、髋外展肌和髋内收肌的力量明显较弱。该研究无法证明髋部肌肉无力与膝关节手术之间存在直接的因果关系，但是该研究的结果强调了将核心训练纳入综合康复计划的重要性。

一些运动损伤可能引发严重的后果。与运动相关的脊柱或髋部损伤可能导致运动员练习或训练的时间减少、错过比赛、长时间进行康复训练，或者运动生涯提前结束。越来越多的研究强调运动员的核心肌群无力可能会导致运动相关损伤。

在一项研究中，研究人员进行了一次前瞻性调查，评估了核心肌群无力对运动损伤发病率的影响（Leetun et al.，2004）。研究人员分析了髋关节肌力和躯干耐力在赛季前的应对措施，确定特定得分是否与赛季中的运动损伤相关。来自6所学校的140名大学运动员在开始练习后的两周内进行了测试。研究人员使用测力计收集髋关节外展和外旋的等长值，使用麦吉尔（McGill）描述的耐力测试（参见第4章）（McGill，2002）收集躯干耐力得分。

案例：核心肌群耐力差且运动模式异常的受伤工人

一名从事重体力劳动的42岁男性因被诊断出腰痛而被转诊并开始接受物理治疗。他需要每天多次搬运25～100磅（约11～45千克）的重量。当尝试搬运一个50磅（约23千克）重的"较轻物体"时，他听到自己的背部响了一声，并跪倒在地。他说："最初感觉自己的整个背部产生了一种由肌肉痉挛而导致的剧烈疼痛。"他预约了医生，医生给他开了止痛药，让他休息并接受物理治疗。

他的第一次物理治疗安排在伤后2周。他说自己的症状有所改善，疼痛感明显减轻了。在评估物理治疗效果的交谈期间，他对物理治疗师说："我不知道自己为什么在这里。我健壮如牛，可以搬运任何我想搬运的物体。"他将强健（健康）的背部与举起工作要求的负荷的能力画上了等号。物理治疗师评估了他的力量，发现他不仅躯干肌肉系统非常弱（躯干肌肉的耐力差），而且功能也弱。他无法做出正确的下蹲和弓步动作。由于他无法使用核心肌群来稳定和保护脊柱，因此他在试图搬运一个物体时就使用了异常的运动模式。他每次搬运物体时的身体姿势都很不科学。不恰当的搬运方法，特别是在搬运重物时，给他的脊柱带来了超生理负荷。随着时间的推移，其机体将越来越衰弱，最终导致损伤和功能障碍。

研究人员发现，女性运动员在髋外展肌、髋外旋肌和外侧核心肌群耐力方面（外侧耐力测试）明显弱于男性运动员（Leetun et al.，2004）。在其余测试中，男性运动员的表现也比女性运动员更好。那些在赛季中受伤的人的髋关节外展和髋关节外旋的力量明显弱于未受伤的人。赛季前髋外旋肌无力是确定运动员之后出现下肢损伤的最佳预测指标。

在另一项研究中，研究人员测试了大学运动员的髋部肌力（臀大肌和臀中肌的力量），以确定髋部肌力不平衡是否增加了下腰痛（LBP）的可能性（Nadler et al.，2001）。在所有接受测试的运动员中，约8%（163名中的13名）的运动员在随后的一年中需要接受LBP治疗。这并不奇怪，因为13名运动员中有6名有LBP病史。女性运动员的左侧和右侧髋伸肌力量之间的百分比差异非常明显，这可以作为确定需要接受LBP治疗的运动员的一个评估指标。在该测试中，其他数据无显著差异。研究人员得出的结论证明了女性运动员髋部肌力不平衡和LBP之间有相关关系。

另一组研究人员记录了210名（70名女性和140名男性）NCAA大学运动员髋外展肌和髋伸肌肌力的平均值和最大值（Nadler et al.，2000）。这些值是在运动员参加预选的体检期间记录的。进行这项调查是为了确定髋部肌力不平衡与腰背部或下肢损伤之间是否存在相关关系。上一年出现腰痛或下肢损伤的女性运动员在最大髋伸肌肌力方面存在明显的左右差异，而上一年出现腰痛或下肢损伤的男性运动员在最大髋伸肌肌力方面并没有表现出左右差异。

在另一项研究中，与没有腰痛病史的高尔夫球手相比，有腰背痛病史的高尔夫球手的髋关节内旋和外旋幅度较小（Vad et al.，2004）。有腰痛病史的高尔夫球手在腰椎伸展方面也表现出较小的灵活性。

前面的案例表明，核心肌群功能异常可能会使运动员出现与运动相关的背部损伤。核心稳定性训练可能有助于降低运动员受伤的风险，有助于受伤后的康复，并有助于提升运动表现（Chiu，2007）。

提升运动表现

脊柱稳定性训练有助于提升运动表现。躯干是功能运动环节系统的一个组件。例如，执行过顶掷球的运动员依赖其下肢产生力量并将这些力量通过躯干传递到上肢。这种由近端至远端的运动次序使上肢能够在可能的最高速度下实现最大加速度（Kibler，1998）。躯干肌肉系统的功能失调可能导致更差的运动表现。功能失调的躯干还会使运动员面临远端受伤的风险。躯干功能失调的棒球投手在之后的比赛中仍试图发挥自己的最佳水平，但由于下肢产生的力量不会完全传递到上肢，棒球投手会试图通过在肩部产生更多扭矩来代偿这一点。多次重复这一动作可能导致肩部负荷过重，从而导致肩袖损伤。拥有足够的躯干耐力和力量不仅会降低受伤的风险，还会提升运动表现。

小结

现在，您应该明白所有客户的训练计划包含核心训练的必要性了。训练计划设计得不恰当或未包含核心训练可能会限制个人训练计划的有效性。未能解决核心肌群弱点可能会使客户面临更大的运动或工作损伤相关风险。越来越多的研究证据表明，核心训练在健康保持、损伤预防、运动表现提升和康复治疗方面起着关键作用。本书将提供循证训练和康复计划，还将提供循证策略，以帮助教练、健身专业人员和运动医学专业人员设计和实施最佳核心训练计划。与核心训练相关的研究还处于起步阶段，毫无疑问，随着时间的推移，运动医学专业人员的出版物将不断增强我们设计有效且安全的核心训练计划的能力。

本书分为4部分：第1部分（第1章、第2章）提供了核心训练背后的科学依据，第2部分（第3章、第4章）介绍如何评测客户的核心肌力和灵活性，以及如何解读评估结果，第3部分（第5～8章）描述如何根据客户的功能缺陷制订循证核心训练计划，第4部分（第9章）概述了核心训练的特殊注意事项。各部分相辅相成，可以帮助您增强制订最佳核心训练计划的能力。

第2章
核心功能解剖学

核心是人体的中心区域，由腹部、脊柱、骨盆和髋部的肌肉骨骼结构组成（Kibler et al., 2006）。核心的作用是产生动作，产生和传递力量，并保持稳定性。功能失调的核心可能会限制客户的表现，并增加其受伤的风险。健身专业人员必须能够对客户进行功能测试，以确定功能失调的核心肌群。拥有核心功能解剖知识将增强健身专业人员评定肌肉无力或肌紧张的能力，并增强其识别异常运动模式的能力。拥有这些知识将优化关于核心训练计划的设计，并增强健身专业人员与其他专业人员沟通的能力。

本章将概述基本的核心功能解剖学知识，强调关键核心肌群在提供稳定性和运动方面的功能作用。本章不提供有关核心的全面的解剖学或生物力学内容。如要了解相关内容，请参见大学解剖学教科书以获得较为全面的评述。

核心解剖学

优秀的力量教练和健身专业人员知道如何制订力量训练或康复计划，以及如何通过该计划让个人取得进步。他们拥有丰富的解剖学知识，了解关节生物力学，能够评估功能的优势和缺陷。这些专业人员还能够在制订全面的个性化训练计划时整合这些要素。

骨骼解剖结构

　　核心的骨骼解剖结构包括脊柱、骨盆和髋关节，如图2.1所示。脊柱（也称脊椎或脊骨）由33块椎骨、椎间盘、多个韧带和相关肌肉组成。从上到下的5个脊柱区是颈椎（7块）、胸椎（12块）、腰椎（5块）、骶骨（5块融合的椎骨）和尾骨（4块融合的椎骨），如图2.2所示。脊柱通过骶骨连接到骨盆，如图2.3所示。骨盆是核心的基部，由3个部分组成：髂骨、坐骨和耻骨。这3块骨头交叉形成了髋臼，髋臼是大腿骨（股骨）头放置的窝，如图2.3所示。

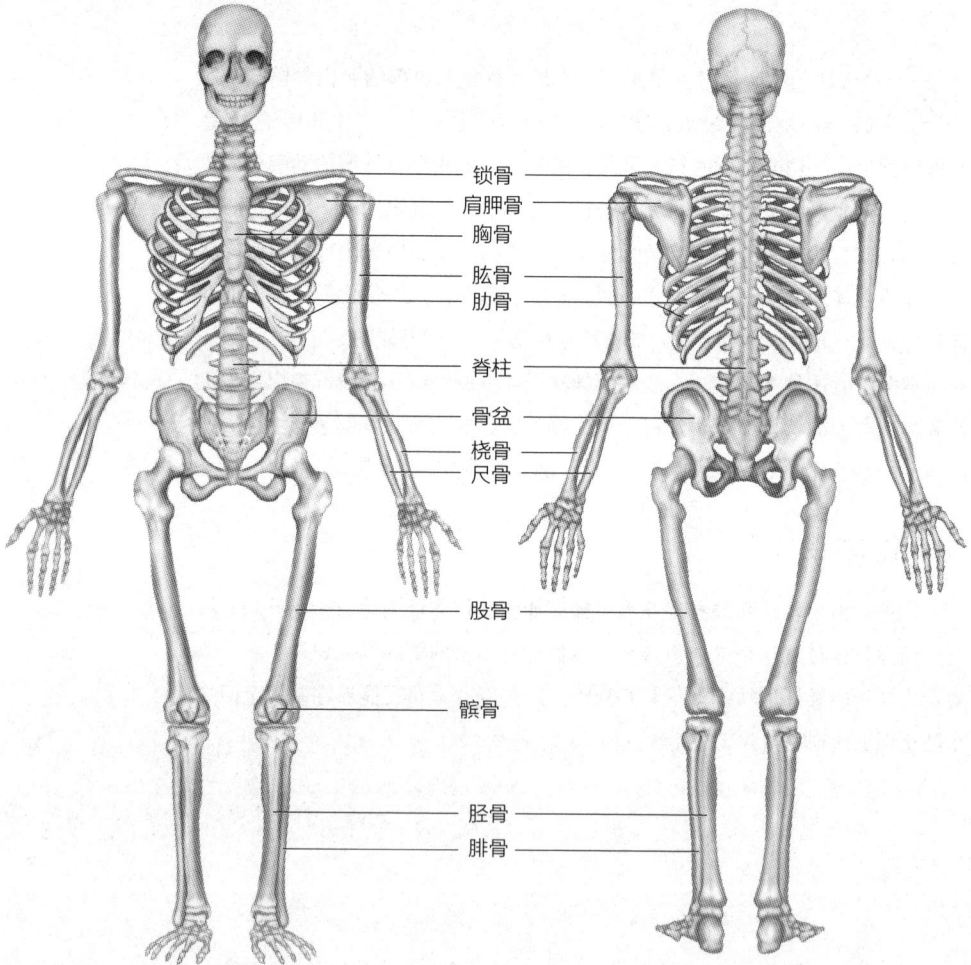

锁骨
肩胛骨
胸骨
肱骨
肋骨
脊柱
骨盆
桡骨
尺骨
股骨
髌骨
胫骨
腓骨

图2.1　人体骨骼系统（核心的骨骼解剖结构包括脊柱、骨盆和髋关节）

Reprinted, by permission, from NSCA, 2000, The biomechanics of resistance exercise, by E. Harman. In *Essentials of strength training and conditioning*, 2nd ed., edited by T. Baechle and R. Earle (Champaign, IL: Human Kinetics), 27.

　　腰椎（以及骶骨和尾骨）支撑核心的背部和下部。尽管我们从未看轻核心内相邻区域的重要性，但应该特别重视腰椎。正如卫生保健专业人员可以证明的那样，腰椎有出现多种损伤的风险。超过80%的美国人已经或将经历至少一次腰痛（Trainor and Wiesel，2002；Rasmussen-Barr et al.，2003）。美国每年有数十亿美元用于腰部的手术和保守治疗（Young et al.，1997；Luo et al.，2004；Katz，2006）。

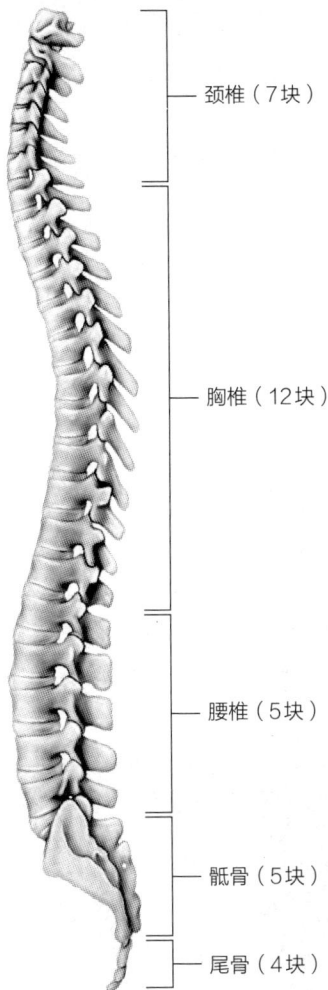

图2.2　脊柱（显示了5个脊柱区）

Reprinted from R. Behnke, 2005, *Kinetic anatomy*, 2nd ed. (Champaign, IL: Human Kinetics), 120.

颈椎（7块）

胸椎（12块）

腰椎（5块）

骶骨（5块）

尾骨（4块）

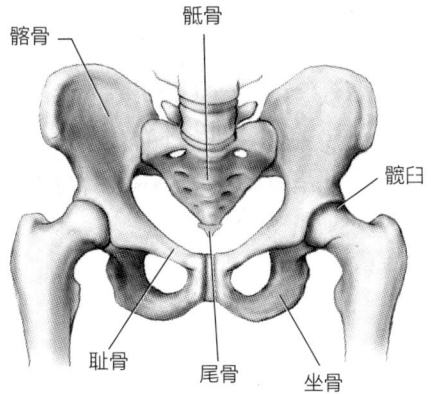

髂骨　骶骨　髋臼　耻骨　尾骨　坐骨

图2.3　骶骨和骨盆

Reprinted, by permission, from R. Gotlin, 2008, *Sport injuries guidebook* (Champaign, IL: Human Kinetics), 188.

椎间盘

椎间盘位于每块颈椎、胸椎和腰椎之间。椎间盘由3个部分组成，即髓核、纤维环和终板，如图2.4所示。椎间盘有助于吸收冲击力并允许椎骨之间的滑移。椎间盘的损伤会产生剧烈疼痛，并且可能需要外科手术介入治疗。

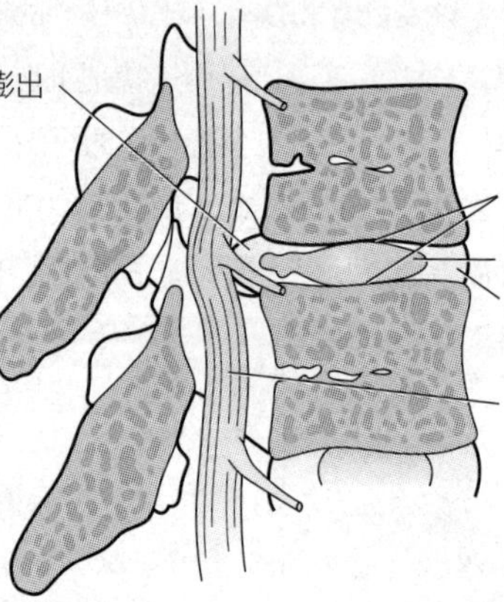

脊柱和背部的肌肉

脊柱的肌肉分为3层：浅层、中层和深层。图2.5展示了脊柱和背部的肌肉及其他相关结构。中层肌肉有助于呼吸，但它们对核心的稳定性不起作用，因此这里不会讨论这个部分。

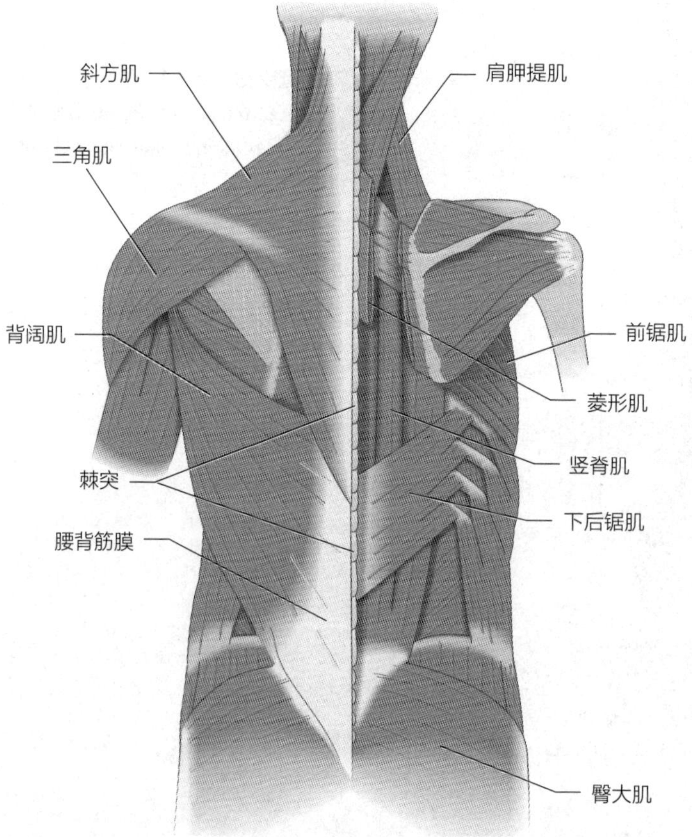

图2.4 椎间盘（椎间盘膨出是一种可能的椎间盘损伤类型）

Reprinted, by permission, from S. Shultz, P. Houglum, and D. Perrin, 2009, *Examinations of musculoskeletal injuries*, 3rd ed. (Champaign, IL: Human Kinetics), 200.

图2.5 脊柱和背部的肌肉及其他相关结构

背浅层肌

背浅层肌包括斜方肌、背阔肌、菱形肌、肩胛提肌和前锯肌，如图2.6所示。这些背浅层肌稳定了肩胛骨（肩胛带）并协助其他肌肉活动上臂。其中斜方肌和背阔肌有助于保持核心稳定，如表2.1（见第14页）所示，下面将主要介绍这两种肌肉。

斜方肌

斜方肌是菱形的大块背浅层肌，从项部延伸，横跨肩部，止于锁骨外1/3、肩峰和肩胛冈，如图2.6所示。斜方肌起于枕外隆凸、项韧带、上项线、第7颈椎及全部胸椎棘突。斜方肌在锁骨外侧、肩峰和肩胛冈处有纤维附着。

斜方肌分为上、中、下3个部分，如图2.6所示。纤维走向决定其功能。斜方肌起着上提（上部纤维）、内收（中部纤维）和下抑（下部纤维）肩胛骨的作用。上部纤维和下部纤维与前锯肌一起作用，以向上旋转肩胛骨，如图2.7所示。上斜方肌还有助于颈椎（颈部）伸展，向对侧旋转头部，以及同侧头部侧屈。

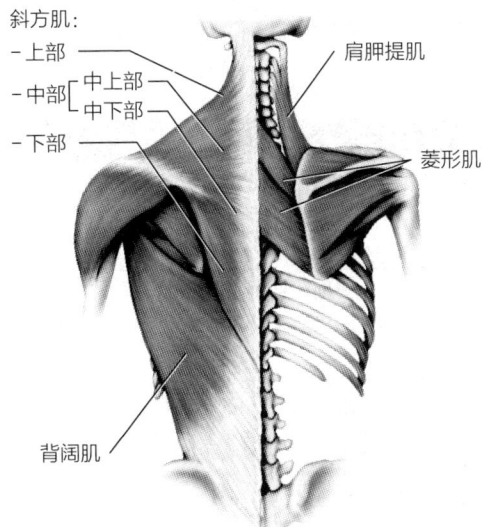

斜方肌:
- 上部
- 中部 [中上部 / 中下部]
- 下部

肩胛提肌

菱形肌

背阔肌

图2.6 背浅层肌

Reprinted from R. Behnke, 2005, *Kinetic anatomy*, 2nd ed. (Champaign, IL: Human Kinetics), 47.

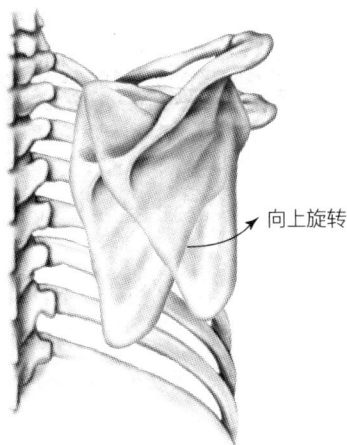

向上旋转

图2.7 肩胛骨向上旋转（外旋）

Reprinted, by permission, from W. Whiting and S. Rugg, 2005, *Dynatomy* (Champaign, IL: Human Kinetics), 59.

斜方肌对功能性脊柱运动也起一定的作用。在上肢活动期间，斜方肌的收缩将引起颈椎或胸椎节段的运动。例如，左斜方肌收缩将使棘突向左旋转并使椎体向右旋转（Neumann，2002）。

斜方肌容易出现功能失调，对私人教练和康复专业人员来说，这是一个重大挑战。在背痛或肩痛的个体中，私人教练和康复专业人员通常可以在其斜方肌中找到扳机点（即疼痛点）。当触摸扳机点时，他们会感觉它像一条绷紧的皮带。客户在扳机点位置可能会有疼痛感，且该位置的疼痛感可能会扩散到其他位置。扳机点还可能会限制客户的活动范围并减弱他的力量（Travell and Simons，1983）。即使不存在扳机点，斜方肌也常常会出现肌肉不协调的问题。许多客户的上斜方肌有足够的力量，但中斜方肌或下斜方肌缺乏力量。肌肉不协调的客户将表现出上斜方肌主导或大多数上肢运动的代偿模式。客户上斜方肌的过度肌肉活动可以通过动作模式观察辨别（如在做肩关节侧平举或坐姿划船动作期间耸肩）。此外，这种缺乏柔韧性的肌肉可能会造成脊柱后凸，或者它可能是脊柱后凸造成的结果（参见第4章）。

背阔肌

　　背阔肌起于第7～12胸椎棘突、全部腰椎棘突、髂嵴，该肌肉的肌腱止于肱骨小结节嵴。背阔肌有助于肱骨伸、内收和旋内。高拉训练机通常用于训练此肌肉。

　　背阔肌还有助于保持核心稳定（McGill，2002；Neumann，2002）。背阔肌延伸为附着在腰椎上的腰背筋膜，因此其有助于腰椎伸展和核心稳定。

表2.1　部分背浅层肌及其在核心肌群中的功能性作用

肌肉	起于	止于	功能性作用
斜方肌	枕外隆凸、项韧带、上项线、第7颈椎及全部胸椎棘突	锁骨外1/3、肩峰和肩胛冈	有助于肩胛骨移动和稳定，能在颈椎和胸椎上产生旋转力（Neumann，2002）
背阔肌	第7～12胸椎棘突、全部腰椎棘突、髂嵴	肱骨小结节嵴	有助于肱骨的伸、内收和旋内，有助于腰椎伸展和核心稳定（McGill，2002）

背深层肌

　　背深层肌分为3层：表层、中间层和深层。竖脊肌的肌肉位于背深层肌的表层，这组肌肉的肌纤维长度最长，每一层肌纤维的长度都比上一层更短。中间层（也称横突棘肌）由半棘肌、多裂肌和回旋肌组成，深层（短节段组）由两块肌肉——横突间肌和棘间肌组成。

竖脊肌

　　竖脊肌是背部的一个大肌群，如图2.8a（见第16页）所示。它由3块肌肉组成（此处按照从内侧到外侧的顺序展示）：棘肌（最接近脊柱）、最长肌和髂肋肌（离脊柱最远）。人们按照解剖区域对这3块肌肉进行了细分。它们的功能是使躯干伸展和侧弯，有助于保持整个脊柱的稳定性，如表2.2所示。例如，在做背桥运动时，竖脊肌对人体的总体稳定性起着非常重要的作用（McGill，2002）。

表2.2　竖脊肌及其在核心肌群中的功能性作用

肌肉	起于	止于	功能性作用
棘肌	下胸椎和上腰椎的棘突	颈椎和胸椎的棘突	脊柱的伸展
最长肌	颈椎、胸椎和腰椎的横突	颈椎和胸椎的横突及颞骨乳突	脊柱的伸展和侧弯
髂肋肌	髂嵴和第3～12肋骨	肋角	脊柱的伸展和侧弯

横突棘肌

横突棘肌是背深层肌的中间层，包括半棘肌（表层）、多裂肌（中间层）和回旋肌（深层）。这些肌肉起于下位脊椎的横突（两侧），止于上位椎骨的棘突（两侧）（根据肌肉的不同，可能高于相关起点1～8个椎骨）。

半棘肌分为3个部分：胸部、颈部和头部。与其他横突棘肌相比，这些肌肉通常更长，横贯6～8个椎段，如表2.3所示。但是它们对核心稳定性的主要影响仅限于胸椎的伸展。

多裂肌是位于骶骨到第2颈椎之间的肌，如图2.8b所示。研究表明，具有腰痛病史的患者的多裂肌具有以下特点：向心收缩肌肉动作少，耐力明显较差，肌肉组成和大小多不一致（Richardson et al.，1999）。多裂肌（和腹横肌）作为核心稳定的关键促进因素受到了极大的关注（详见本章后面对腹横肌的介绍）。

回旋肌是横突棘肌的最深层，与其他两层相比，它的肌纤维长度更短。专家们对回旋肌的确切功能持有不同的意见。一些人认为回旋肌用于旋转脊柱，而其他人则将回旋肌视为位置传感器（McGill，2002年）。

表2.3　横突棘肌的肌肉及其在核心肌群中的功能性作用

肌肉	起于	止于	功能性作用
半棘肌	第2颈椎和第12胸椎的横突	上部胸椎，第2至第7颈椎棘突和枕骨上、下项线之间的骨面	脊柱的伸展和侧弯
多裂肌	骶尾背面，腰椎、胸椎横突和第4至第7颈椎的关节突	第2颈椎以下全部椎骨棘突	脊柱的伸展和侧弯，腰椎的稳定
回旋肌	下位椎骨横突根部和关节突	上位椎骨棘突根部及部分椎板或跨越2个椎骨	脊柱旋转或本体感受

短节段组

此组是背部肌肉的最深层。短节段组由横突间肌和棘间肌组成：横突间

肌附着在相邻椎骨的横突上，棘间肌附着在相邻椎体的棘突之间。横突间肌
收缩会使脊柱侧弯，而棘间肌收缩会使脊柱伸展。这些肌肉相互作用，确保
脊柱保持稳定。

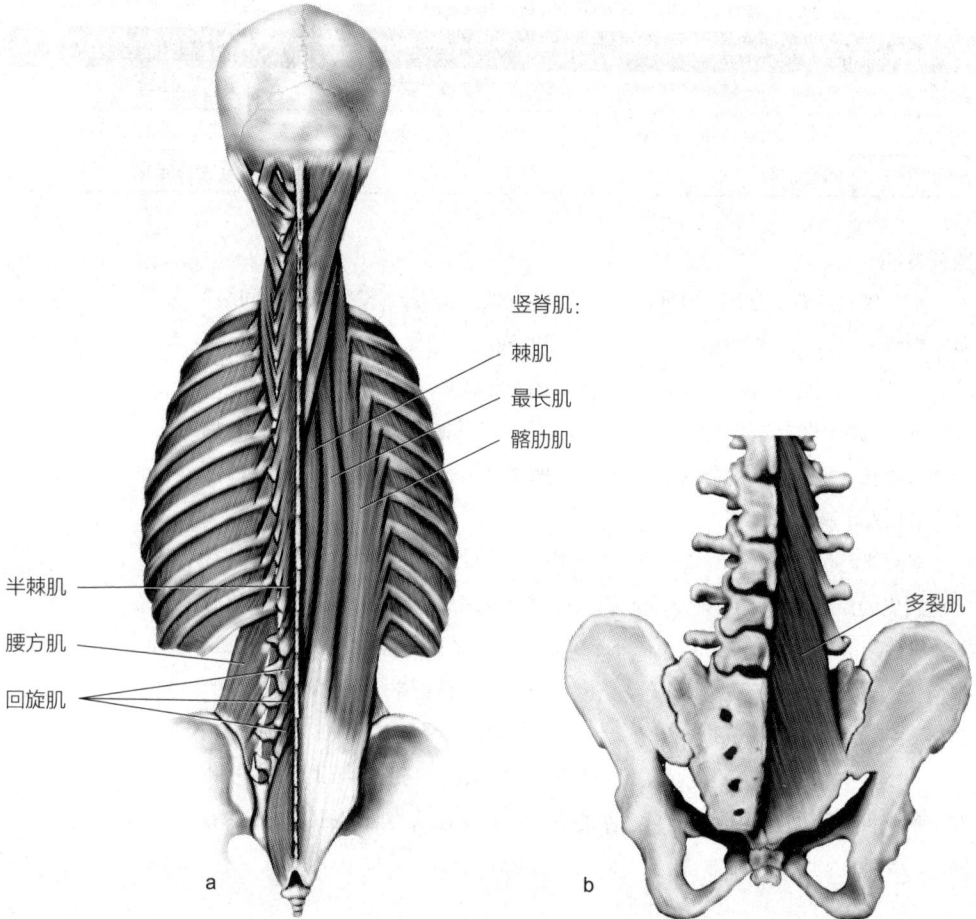

竖脊肌：
棘肌
最长肌
髂肋肌

半棘肌

腰方肌

回旋肌

多裂肌

a

b

图2.8 （a）背深层肌和（b）多裂肌

Part a, reprinted from R. Behnke, 2005, *Kinetic anatomy*, 2nd ed. (Champaign, IL: Human Kinetics), 134. Part b reprinted, by permission, from J. DeWerd, 2010, *Managing low back problems* (Champaign, IL: Human Kinetics), 12.

腹部

　　当说起"腹肌"时，许多人最先想到的是6块肌肉。对于许多人，包括
健身客户来说，"腹部"一词已经被边缘化为仅包含一种肌肉，即腹直肌。实
际上，腹部位于胸部近端和骨盆远端之间的区域，由有助于在各种姿势下保
持脊柱稳定的几块肌肉组成。这些肌肉既可以使躯干屈曲、侧弯和旋转，又
有助于保护腹部器官。有4种肌肉构成了前腹壁并控制其活动，如图2.9所示。

其中3种肌肉是扁平肌（腹外斜肌、腹内斜肌和腹横肌），一种肌肉是带状肌（腹直肌）。

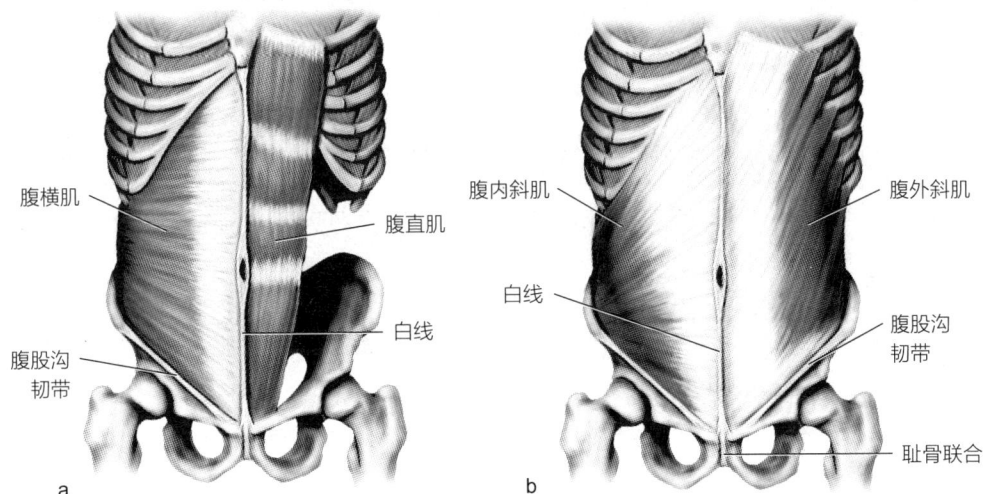

图2.9 腹部肌肉（a）腹直肌和腹横肌，（b）腹外斜肌和腹内斜肌

Reprinted from R. Behnke, 2005, *Kinetic anatomy*, 2nd ed. (Champaign, IL: Human Kinetics), 132.

腹直肌

腹直肌（RA）提供核心稳定性和躯干灵活性。腹直肌是一种躯干屈肌。此肌肉起于第5~7肋软骨前面和胸骨剑突，止于耻骨上缘，如图2.9所示。当个体进行卷腹等运动时，腹直肌会受到训练。

腹横肌

腹横肌（TA）是3块扁平的腹部肌肉中最深层的一块。腹横肌起于下6对肋软骨的内面、胸腰筋膜、髂嵴和腹股沟韧带的外侧1/3，止于白线，如图2.9所示。据报道，腹横肌在核心稳定性方面发挥着重要作用，尤其是在康复训练期间（Richardson et al.，1999）。

腹外斜肌和腹内斜肌

腹外斜肌和腹内斜肌使躯干旋转并侧弯。这两种肌肉还有助于保持脊柱稳定。

腹外斜肌是3块扁平的腹部肌肉中表层的肌肉。腹外斜肌起于下8位肋骨的前外侧，止于白线和髂嵴的前部，如图2.9所示。腹外斜肌可以使躯干弯曲并使躯干向另一侧旋转。

腹内斜肌起于胸腰筋膜、腹股沟韧带外侧1/2和髂嵴前部。腹内斜肌可保持脊柱稳定，并使躯干向同侧弯曲和旋转，如表2.4所示。

表2.4 腹部肌肉及其在核心肌群中的功能性作用

肌肉	起于	止于	功能性作用
腹直肌	第5～7肋软骨前面和胸骨剑突	耻骨上缘	使躯干弯曲
腹横肌	下6对肋软骨的内面、胸腰筋膜、髂嵴和腹股沟韧带的外侧1/3	白线	保持核心稳定，压紧腹壁
腹外斜肌	下8位肋骨的前外侧	白线和髂嵴前部	使躯干弯曲，并使躯干向另一侧旋转
腹内斜肌	胸腰筋膜、腹股沟韧带外侧1/2和髂嵴前部	白线和下位3个肋骨	保持脊柱稳定，使躯干向同侧弯曲和旋转

骨盆和髋部

骨盆和髋部的肌肉，如图2.10所示，有助于保持躯干稳定，生成力量，并将力量从上半身传递到下半身或从下半身传递到上半身。例如，在棒球投手投球期间，如果他不能完成强而有效的髋部伸展，那么就无法最大限度地提高投球速度。

髋部在保持近端稳定和控制下肢生物力学方面起着重要作用。回顾性调查发现，与健侧腿相比，受伤跑者的患侧腿明显软弱无力（Niemuth et al.，2005）。骨盆和髋部的肌肉有助于保持核心稳定。

髂肌和腰大肌

在训练和临床环境中，髂肌和腰大肌通常被合称为髂腰肌。髂肌起于髂窝。腰大肌（见图2.10a）起于腰椎体侧面和横突。这两块肌肉在腹股沟韧带处结合，形成肌腱并止于股骨小转子。这两块肌肉在传统上被视为髋屈肌。

臀大肌

臀大肌是最大的臀肌，起于臀后线之后的髂骨背面、骶骨与尾骨的背面、腰背筋膜和骶结节韧带，止于臀肌粗隆和髂胫束筋膜，如图2.10b所示。此肌肉起着伸展和外旋髋部的作用。

臀中肌

臀中肌起于髂骨翼外侧，止于股骨大转子，如图2.10b所示。臀中肌可以外展和旋转髋部。此肌肉的前纤维可外展髋部，而后纤维可外旋髋部。

臀小肌

臀小肌位于臀中肌深层，起于髂骨翼外侧，止于股骨大转子前缘，如图2.10b所示。臀小肌可以外展和外旋髋部。

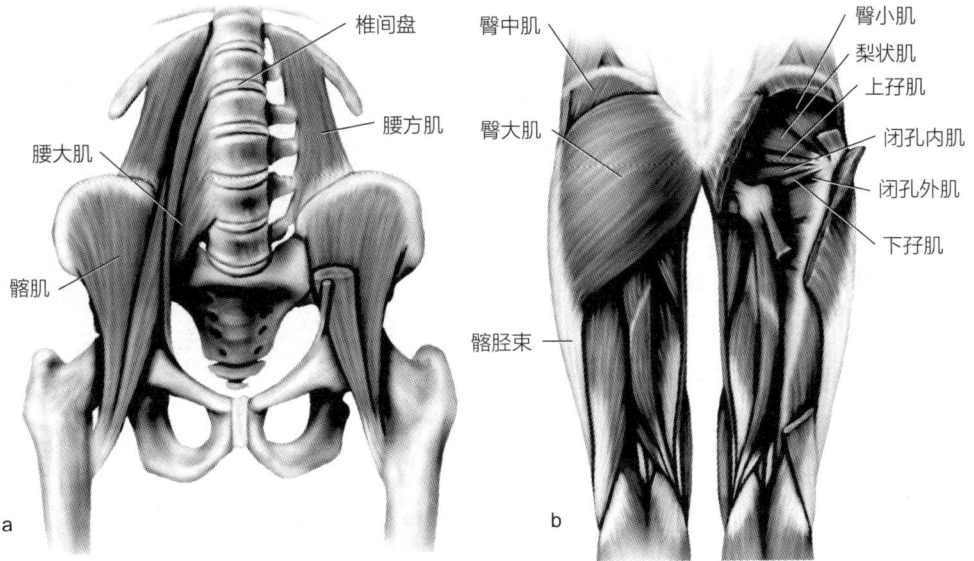

图2.10 （a）骨盆的肌肉和（b）髋部的肌肉

Reprinted from R. Behnke, 2005, *Kinetic anatomy*, 2nd ed. (Champaign, IL: Human Kinetics), 180, 178.

阔筋膜张肌

　　阔筋膜张肌（TFL）起于髂前上棘，止于胫骨外侧髁，如图2.11所示。阔筋膜张肌因其较长的肌腱伸展（髂胫束）而为人所知。阔筋膜张肌通过在髂胫束内产生张力来保持髋关节和膝关节的稳定。此外，阔筋膜张肌可协助髋部内旋。由于膝关节的重复性屈伸，一些跑者的髂胫束有受伤的风险（Khaund and Flynn，2005）。

梨状肌

　　梨状肌起于第2～5骶椎前侧面，止于股骨大转子，如图2.12所示。当髋部处于屈曲状态时，该肌肉用于外旋和外展大腿。提供康复后训练服务的训练员可能会面对梨状肌紧张或无力的客户。

下孖肌

　　下孖肌是位于骨盆后部的较小肌肉。此肌肉起于坐骨结节的后部，止于股骨大转子，如图2.10b所示。当处于活动状态时，此肌肉会外旋大腿，并且有助于外展屈曲的大腿。

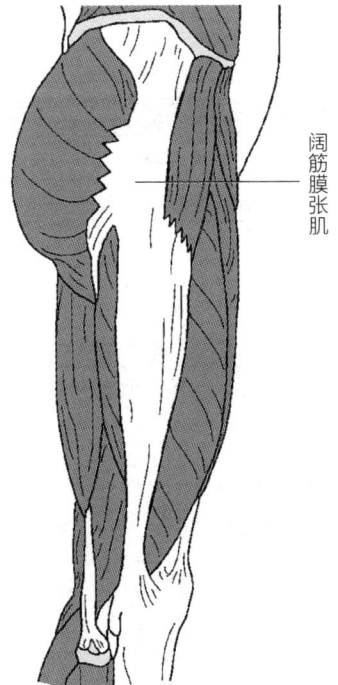

图2.11　阔筋膜张肌

闭孔外肌

闭孔外肌起于闭孔膜外面和闭孔周围的耻骨和坐骨，止于股骨大转子后内侧，如图 2.10b 所示。闭孔外肌有助于外旋大腿。

闭孔内肌

闭孔内肌起于闭孔膜内面及其周围骨面，止于股骨大转子内侧，如图 2.10b 所示。闭孔内肌有助于外旋大腿。

上孖肌

上孖肌起于坐骨棘及坐骨结节，止于股骨大转子中部，如图 2.10b 所示。此肌肉会外旋大腿，并且在髋部屈曲时有助于外展大腿。

腰方肌

腰方肌起于髂嵴后部，第 2~5 腰椎横突，止于第 12 肋骨、第 12 胸椎和第 1~4 腰椎横突，如图 2.10a 所示。当两侧腰方肌收缩时，它们充当伸腰肌和脊柱的稳定器。单侧腰方肌收缩时，它会使躯干侧屈并提高髋部，如表 2.5 所示。

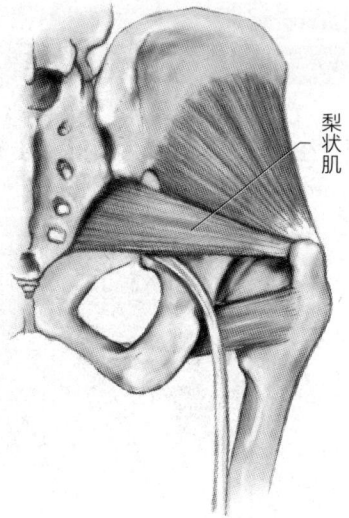

图2.12 梨状肌

Reprinted, by permission, from B. McAtee and J. Charland, 2007, *Facilitated stretching*, 3rd ed. (Champaign, IL: Human Kinetics), 44.

表2.5 骨盆和髋部的肌肉及其在核心肌群中的功能性作用

肌肉	起于	止于	功能性作用
髂肌	髂窝	股骨小转子	充当髋屈肌
腰大肌	腰椎体侧面和横突	股骨小转子	充当髋屈肌
臀大肌	臀后线之后的髂骨背面、骶尾与尾骨的背面、腰背筋膜和骶结节韧带	臀肌粗隆和髂胫束筋膜	伸展和外旋髋部
臀中肌	髂骨翼外侧	股骨大转子	外展和外旋髋部（此肌肉的前纤维可外展髋部，而后纤维可外旋髋部）
臀小肌	髂骨翼外侧	股骨大转子前缘	外展和外旋髋部
阔筋膜张肌	髂前上棘	胫骨外侧髁	通过在髂胫束内产生张力来保持髋关节和膝关节的稳定，协助髋部内旋
梨状肌	第 2~5 骶椎前侧面	股骨大转子	当髋部处于屈曲状态时，该肌肉用于外旋和外展大腿
下孖肌	坐骨结节的后部	股骨大转子	外旋和外展屈曲的大腿
闭孔外肌	闭孔膜外面和闭孔周围的耻骨和坐骨	股骨大转子后内侧	外旋大腿

肌肉	起于	止于	功能性作用
闭孔内肌	闭孔膜内面及其周围骨面	股骨大转子内侧	外旋大腿
上孖肌	坐骨棘及坐骨结节	股骨大转子中部	外旋大腿，并且在髋部屈曲时有助于外展大腿
腰方肌	髂嵴后部，第 2~5 腰椎横突	第 12 肋骨、第 12 胸椎和第 1~4 腰椎横突	充当腰伸肌和脊柱的稳定器（当两侧腰方肌收缩时），使躯干侧屈并提高髋部（单侧腰方肌收缩时）

结构和功能的整合

每个客户开始在监督下执行训练计划至少都有一个原因。例如，客户可以聘请健身专业人员来设计减少背部损伤风险的训练计划。以斯科特（Scott）为例，他是一名35岁的码头搬运工人，被医生诊断为腰椎间盘损伤。医生给他开了抗炎和止痛药物，并让他休息4周。最终，斯科特重返自己的工作岗位。但是，如果没有适当的康复练习或训练，他仍将存在功能缺陷，可能会再次受伤。

核心稳定性训练具有以下作用：

- 增强客户的体质；
- 防止受伤或加快损伤后的康复；
- 稳定脊柱并保护脊柱免受潜在外力的伤害；
- 通过增强客户生成力量和运动的能力来提升运动表现。

为了设计安全且有效的训练计划，您需要具备关于核心功能解剖学的相关知识。了解核心功能解剖学的相关知识后，您就可以根据客户的功能缺陷和个人训练目标制订适当的训练计划。那么在上例中，斯科特是否可以从训练计划中受益呢？答案是肯定的。您可以将斯科特视为工人中的运动员并让他进行相应的训练。如果您正在为斯科特设计训练计划，那么所选的练习类型将取决于您识别功能缺陷的能力。您必须能够选择具体的柔韧性和力量练习，以便最大限度地发挥他的功能并维持（或提高）他目前的健康水平。

为客户设计训练计划需要评估和了解人的整个身体。如果将身体的各个部分视为独立运转的各个单元，训练计划终将失败；相反，我们应将身体视为一个整体。例如，许多核心康复计划包含以仰卧位或俯卧位进行的等长运动，对于开始健身或实施损伤康复计划的客户来说，这些运动可能是必要的。但是，训练或康复计划仅包括这些基本练习将无法帮助客户建立满足日常活动和运动表现所需的功能性运动模式。基本核心练习如何影响斯科特（我们

21

的假设客户）的功能恢复？客户的大多数活动都涉及人体区域（上肢、躯干和下肢）之间的动态交互，这些区域必须协同工作以建立功能性运动模式。

运动连接原理描述了功能性运动模式生效期间关节和肌肉是如何进行交互的。此原理的定义如下。

运动连接原理描述了如何将人体视为一系列相互关联的节段。一个节段的运动会影响第一个节段的近端和远端（Ellenbecker and Davies，2001）。

为了说明这一点，我们将介绍膝关节的运动连接原理。膝关节具有自己独特的解剖学结构和生物力学结构（如膝关节会受到髋部、小腿和踝关节的力学和肌肉组织的影响）。

在功能性运动模式生效期间，例如下楼梯时，膝关节的生物力学将受髋部、脚和踝关节交互的影响（Ellenbecker and Davies，2001；Powers，2003）。髋部肌肉无力可能会导致髋部内收和内旋，从而导致个体在下楼期间用腿部支撑体重时膝关节向内旋转（Powers，2003）。在一些个体中，这种不太理想的生物力学交互可能会导致膝关节前侧疼痛加剧。

由于核心区域位于身体中心位置，因此它会影响上肢和下肢的功能。要了解核心在运动应用中的作用，请思考网球运动员发球时涉及的生物力学知识。网球运动员要想取得成功，必须既快速又敏捷（Roetert et al.，1997）。网球运动员必须具有足够的耐力，这样才能在整场比赛中保持高水准。网球运动员还必须能够迅速产生和传递力量，以便最大限度地提高挥动球拍的速度。能否保持高水准（高效整合速度、力量、爆发力和耐力）可能就是网球运动员赢得总冠军和第一轮就被淘汰之间的区别。

在运动链中，协同整合每一个节段的能力对运动员保持高水准至关重要。职业网球运动员安迪·罗迪克（Andy Roddick）能以每小时150英里（约241千米）的发球速度战胜竞争对手。对于以相当的速度发球的任何网球运动员，其身体部分必须按次序最佳地运转。在网球发球期间，下肢和躯干会生成大部分力量（Kibler，1994；Ellenbecker and Davies，2001）。图2.13展示了如何生成地面反作用力，然后按照由近端至远端的运动次序传递力量。如果安迪·罗迪克或任何其他网球运动员试图在髋部肌肉（近端）运动之前激活其肩部肌肉（远端），则运动模式将失调，并且其运动表现将受到影响。

生物力学功能障碍会增加运动员出现过度使用性损伤的风险。图2.14和图2.15分别突出显示了由于运动次序中缺失一个环节或躯干和背部的反应延迟而导致的异常模式（Ellenbecker and Davies，2001）。肩部或肘部受伤的网球运动员可能会由于核心功能异常而再次受伤。为了减少这些类型的损伤并提升运动表现，一个全面的训练计划必须包括核心训练。

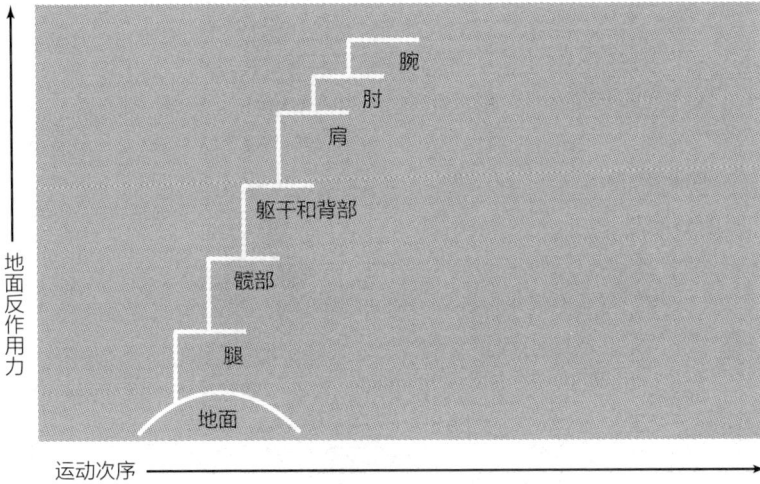

图2.13　运动链，展示力量从地面传递到身体的各个部分

Reprinted, by permission, from T. Ellenbecker and G. Davies, 2001, *Closed kinetic chain exercise* (Champaign, IL: Human Kinetics), 21; and adapted from J.L. Groppel. 1992, *High tech tennis*, 2nd ed. (Champaign, IL: Human Kinetics), 79. By permission of J.L. Groppel.

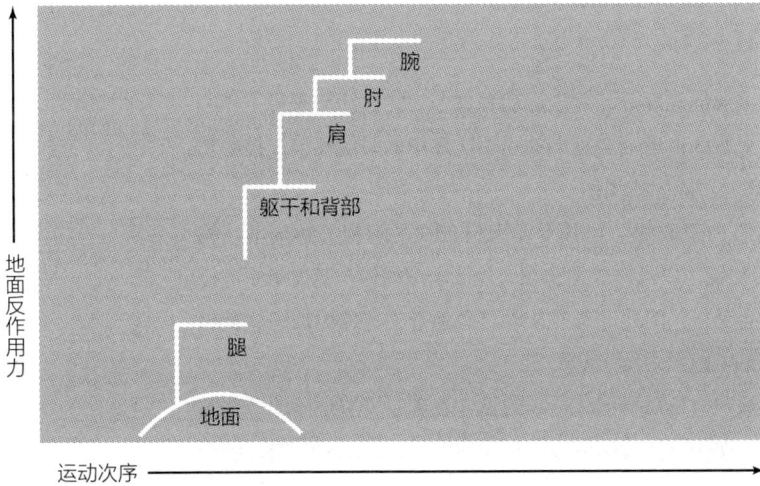

图2.14　运动链，展示由于运动次序中缺失一个环节而导致的异常模式

Reprinted, by permission, from T. Ellenbecker and G. Davies, 2001, *Closed kinetic chain exercise* (Champaign, IL: Human Kinetics), 22; and adapted from J.L. Groppel. 1992, *High tech tennis*, 2nd ed. (Champaign, IL: Human Kinetics), 79. By permission of J.L. Groppel.

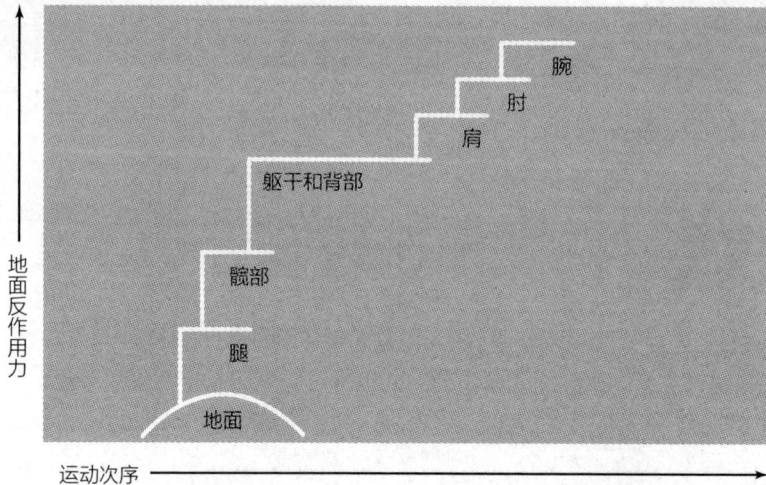

图2.15　运动链，展示由于运动次序中躯干和背部的反应延迟而导致的异常模式

Reprinted, by permission, from T. Ellenbecker and G. Davies, 2001, *Closed kinetic chain exercise* (Champaign, IL: Human Kinetics), 22; and adapted, from J.L. Groppel. 1992, *High tech tennis*, 2nd ed. (Champaign, IL: Human Kinetics), 79. By permission of J.L. Groppel.

小结

　　核心是运动链的重要组成部分。对于运动和许多功能性活动来说，核心是力量从地面传递到上肢的由近端至远端的运动次序中的关键环节。核心功能异常会影响人的表现并可能导致损伤。

　　核心不仅仅是由肌肉组成的。健身专业人员必须了解相关解剖学结构（如关节、椎间盘）的功能，以及这些结构在人体活动中如何与肌肉组织进行交互。这些结构可能会受伤，因此健身专业人员必须考虑特殊的训练注意事项以减少客户受伤（或再次受伤）的风险。

　　核心功能解剖学知识应是每个训练计划的设计基础。了解身体的各个部分如何协同工作有助于您确定何时制订分离运动的练习，以及何时制订整合功能性多关节运动练习。

第3章
客户访谈：评测客户的第一步

如果可以为寻求服务的每个人制订相同的训练计划，那该有多方便呀！实际上，如果真能这样，许多制订训练计划的专业人员将失业！虽然个体之间可能存在相似之处，但您需要了解每个客户都是独一无二的。现在面临的挑战是根据客户想要实现的目标和身体表现、可以获得的最佳研究证据，以及您自己的临床经验和论证推理能力制订训练（或康复）计划。

获得病史和体检合格证

与客户初次会面时，您应该了解他们的病史和运动史。必要时，您可以要求客户在执行训练计划之前从其主治医师那里获得体检合格证。如果未能充分评测和考虑客户的相关病史，制订了不安全或存在禁忌的训练计划，您可能会面临被起诉的风险。未能评测客户的运动史和健身目标也会导致无法为客户制订最佳核心训练计划。

身体活动情况调查表（见表3.1，第30～31页）和客户信息表（见表3.2，第32～34页）将帮助您筛选可能需要获得医生许可才能执行训练计划的客户（Shephard，1988；Thomas et al.，1992）。您应在执行体质测试或让客户执行训练计划之前完成筛选。身体活动情况调查表可用于筛选患有已知疾病和可能影响运动的疾病的客户（Shephard，1988；Thomas et al.，1992），此表单适用于15～69岁的客户。

如果身体活动情况调查表表明客户是健康的（即客户对身体活动情况调查表中所有问题的回答都是"否"），您就可以继续审查该客户的信息表（Shephard，1988；Thomas et al.，1992）。此表将帮助您确定是否存在可能不允许客户进行体质测试和执行训练计划的任何其他疾病。客户信息表还提供有关客户的锻炼习惯和偏好以及生活方式的有用信息。

如果客户对调查表上的一个或多个问题回答"是"，那么在执行体质测试或被教授任何锻炼方法之前，客户必须去看医生（Shephard，1988；Thomas et al.，1992）。您可以向客户提供身体活动情况调查表，也可以从加拿大运动生理协会获得此表，并让客户的医生填写（Jamnik et al.，2007）。此表使医生能够确定限制客户进行体质测试或锻炼的各种疾病。如果客户患有骨科疾病且目前正在接受康复专业人员（例如物理治疗师、运动损伤防护师或职业治疗师）的治疗，则您还应该让该客户寻求此类专业人员对于执行训练计划的许可和指导。一旦客户返回了对其中所有问题的回答都是"否"的身体活动情况调查表，并提供了任意其他相关的医疗许可表，那么您就可以让客户开始体质测试。

完成了对客户信息表的审查后，您就能够更好地开始客户访谈。

客户访谈

把车送到汽车店进行维修时，您会希望维修工提出一系列问题，以便他在开始修理之前更好地了解汽车的"症状"。从第一次谈话中，您可以了解汽车存在的问题和预计的维修费用。更重要的是，如果您确信自己的问题被倾听并得到了回答，而且自己得到了礼貌的对待，您可能会对维修工充满信心，甚至可能会推荐朋友和家人来这家店。然而，如果维修工没有倾听您的话，没有回答或确认您的问题，并且没有花时间与您进行交谈，您很可能会把车开到他的竞争对手那里去。

无论是为健康的客户还是受伤的客户制订训练计划，您都必须确保与每个客户进行深入交谈。第一次约见时，请花尽可能多的时间来与新客户进行交谈。交谈时，重要的是积极倾听客户的想法。没有倾听客户的想法可能会影响您设计的训练计划。此外，不关注客户的需求也会使您失去客户。

下文列出了一些从患者或健身客户处收集信息时应当询问的常见问题及注意事项，这些问题适用于私人教练、力量和健身训练专家及康复专家的客户。您可能还希望收集其他信息。这些信息对应的额外的问题通常会在交谈过程中自然而然地出现，因此您应根据自己的专业询问一些具体的问题。

● 客户为什么寻求您的服务？客户的目标是什么？初次交谈时，最重要的目标是了解客户为什么寻求您提供的服务。这样您才能与客户一起制订具体的训练目标。这些目标将决定您为客户制订的训练计划中应包含哪些核心练习。

● 为运动员设定目标的注意事项。一些运动员可能陈述了宽泛的训练目标，例如"我想变得更强"或"我想跳得更高"。确定这些总体目标是有用的。毕竟，谁还能比运动员自己更了解自己的局限性呢？但是，"我想变得更强"或"我想跳得更高"等目标太主观。在这种情况下，您需要量化运动员所说的"变得更强"或跳得"更高"的意思。与教练组沟通并进行需求分析将帮助您量化运动员的目标。例如，"跳得更高"可以用纵跳测试进行量化。想要跳得更高以便灌篮的篮球前锋可以有一个可训练的量化目标，例如将其纵跳高度增加8英寸（约20厘米）。

● 为受伤客户或康复后客户设定目标的注意事项。受伤客户的目标是减轻痛苦并改善其功能。例如，一名45岁的新晋跑步爱好者在增加了跑步长度后膝盖受了伤。她寻求康复专家的帮助来减轻疼痛并恢复运动。但有效的康复远胜于一些显而易见的事情，例如强化股四头肌。针对此客户的训练计划应该解决可能导致膝关节疼痛的潜在的核心问题。因此，康复专家必须帮助受伤的客户意识到除了减轻疼痛并恢复运动外，他们应该有其他目标。

与康复后（接受临床治疗后正式出院和客户获取最佳康复效果之间的一段时间）的客户合作的私人教练和力量教练应考虑要求客户让其康复专家签授权书。这样，教练可以联系康复专家，了解有关客户的诊断和关于之前所采取的干预措施的更多信息。

● 私人教练为客户设定目标的注意事项。聘请私人教练是许多想提高其总体健康水平的人会首先想到的事。一些人的主要目标可能是减肥，另一些人可能有一个想达到的具体功能目标。例如，一名35岁的业余高尔夫球手可能有一个增加其开球距离的具体目标。为帮助他实现此目标，您需要对他进行核心评测，并根据评测结果制订个性化的训练计划。为他制订一个通用训练计划无法弥补其具体的核心缺陷，也无法帮助他实现目标。为业余高尔夫球手制订的训练计划应与为主要目标是减肥的客户设计的训练计划明显不同。此外，为不同高尔夫球手制订的训练计划也可能完全不同。

治疗肌肉骨骼损伤的医疗和相关卫生保健人员

每年，成千上万的美国人会就肌肉骨骼损伤寻求医疗帮助。对于这些损伤，人们可以从各种类型的保健专业人员那里获得帮助。下面列出了客户可能寻求的一些医疗保健专业人员。

医师（MD）

整骨医生（DO）

足病医学医生（DPM）

物理治疗师（PT）

运动伤害防护师（ATC）

助理医师（PA）

执业护理师（NP）

职业治疗师（OT）

脊椎按摩师（DC）

授权按摩治疗师（LMT）

● 客户的年龄是多少？在选择核心练习时，您必须始终考虑客户的年龄。为65岁的客户设计训练计划的方法与为18岁的客户设计训练计划时所采用的方法必然大不相同。训练年长的客户时，您必须注意其早已存在的肢体障碍、运动训练经验、行动状态、跌倒风险和认知状态。

对于一名65岁的打高尔夫球和网球的客户，您可以考虑让他进行竖直面绳索旋转练习（见图3.1）；而对于具有明显平衡和行动问题的70岁客户，涉及动态核心练习的地面训练

计划是不合适的，更合适的计划应是包含倚墙支撑（见图3.2）和直臂下拉（见图3.3）等基本站立练习的训练计划。

图3.1 竖直面绳索旋转练习。要执行此练习，客户将以如图所示姿势开始（与绳索侧跨步练习中的姿势一样，见第63页），然后旋转躯干以远离机器

● 客户的职业是什么？工作占据了人们日常生活的很大一部分。对于许多人来说，他们的职业选择取决于他们的身体功能。但是，许多高重复性的工作导致了大量与职业有关的过度使用性损伤（例如腕管综合征、颈部劳损等）。特别诊所致力于对在工作中受伤的员工进行评测和治疗。工伤会导致误工，美国每年有数百万美元用于医疗保健，并且一些人落下了终身残疾。在设计力量训练计划时，您应评测客户的工作环境及其所从事的工作对从业者身体的要求。这项评测的一部分将涉及询问客户如下问题："您长时间坐着吗？""您重复抬

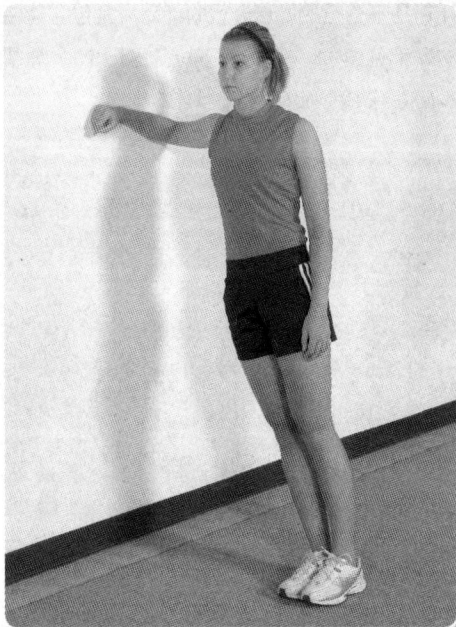

图3.2 倚墙支撑。参见第62页，以了解此练习的完整指导说明

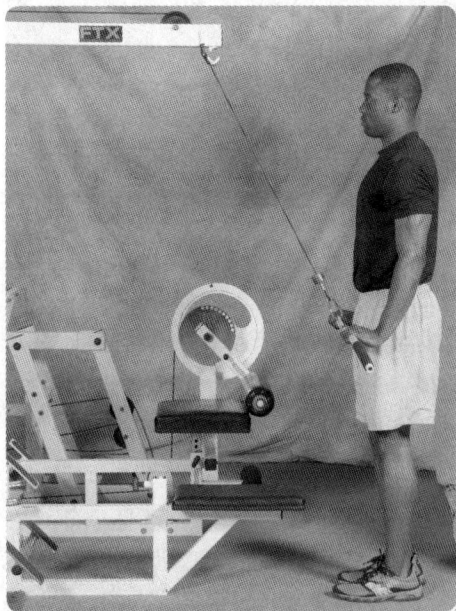

图3.3 直臂下拉。参见第62页，以了解此练习的完整指导说明

起重物吗？""您使用电脑工作吗？如果是，键盘和显示器的放置方式是否会对脖子或手腕造成很大的压力？"您制订的练习应该满足客户的功能性工作要求。

● 客户是否参与过训练计划？确定客户当前的健身水平不仅有助于您制订练习，还有助于您以合适的速度推进训练计划。运动员也许能够快速地从基本运动过渡到高级运动。但是，久坐的个体在从一个运动阶段过渡到下一个运动阶段之前可能需要更长的时间。

● 客户是否有腰部损伤或其他骨科创伤的病史？审核客户的身体活动情况调查表和客户信息表时，您应该确定客户是否有任何腰部损伤或其他骨科创伤的病史。如果客户有此类病史，您应确保客户具有参与核心训练计划的体检合格证。您还应该要求客户确认腰部或其他受伤区域是否疼痛、什么情况下会疼痛、什么因素（活动）会使疼痛加剧。正在经历（或经历过）腰痛的个体将很有可能从核心稳定性训练计划中受益。

如果客户有背部损伤或疼痛的病史，非医疗健身专业人员应询问客户是否知道他以前诊断出的损伤或病症的名称？损伤是椎间盘破裂还是肌肉损伤？是否可以描述以前或当前背部损伤或病症的严重性？是否知道会加剧病情的运动或锻炼？前几次的背部疼痛持续了多久？什么事件导致或带来了背部疼痛？什么干预措施帮助解决了过去的背部疼痛？

您应使用收集到的信息来指导自己制订训练计划。设计客户的核心训练计划时，您应避免制订会再次加剧客户背部疼痛的练习。以一名腰椎间盘受伤的37岁建筑工人为例，他因受伤部位剧烈疼痛而无法工作。他的家庭医生对他进行了物理治疗。经过8周的物理治疗，他不再感到疼痛，并且身体功能得到了恢复。

他的家庭医生指导了他在工作时如何正确地抬起物体，并在出院时为他制订了一个居家锻炼计划。该患者遵从了此计划，并且能够在不会疼痛的情况下达到所有的工作要求。为了改善整体健康状况，他聘请了一名私人教练。初次会面时，私人教练让他做T杠划船运动，其中一个杠铃被拉向躯干，运动共3组，每组重复10次。理想情况下，他在整个运动过程中应保持脊柱处于中立的位置；但是，私人教练在他运动期间观察到他经常过度弯曲或伸展腰椎。在会面结束4小时后，他的背部疼痛剧烈并且右腿感到无力。因此，他被送往急诊室进行诊治。影像扫描检查结果显示他的腰椎间盘再次受伤。骨科医生建议他在第2天进行腰椎间盘切除术。上述例子中，客户再次出现背部疼痛的原因是什么？私人教练没有意识到T杠划船运动对该客户是不安全的——即使是以正确的姿势进行T杠划船运动，这项运动也会给该客户的腰椎带来很大的压力。

您还必须考虑客户患有的其他骨科创伤。与背部损伤一样，任何经历过严重损伤或疼痛的客户都应由医疗专业人员进行评测。如果客户先找到您，您应该建议客户去找他的医生。物理治疗师、运动伤害防护师或职业治疗师等医疗护理专业人员应负责为客户的损伤制订适当的康复计划。但是，您还可能会与过去曾受伤的客户合作，而这些客户所受的伤目前并不妨碍他们参与核心训练计划。对于这些客户，您仍然应该注意可能会让客户曾受过伤的区域再次受伤或产生疼痛的所有运动。例如，核心训练计划通常包含侧桥运动。侧桥运动是一个调用腹横肌、腹斜肌和腰方肌的理想练习（McGill，2002）。但是，侧桥运动不适用于患有肩痛病史的客户。

小结

与客户交谈是建立专业关系的至关重要的第一步。在开始训练或执行康复计划之前，您必须进行客户访谈。未充分倾听客户的想法会对制订计划产生不利影响，也可能会给客户带来危险。

交谈期间，您应该能够确定客户的个人健身目标。您还应该确定客户当前的健身习惯，了解客户以前或当前的医疗诊断结果，并了解客户的独特个性将如何影响计划的设计。这些因素都将帮助您制订符合客户需求的计划。记住，通用的核心计划无法满足大多数客户的功能需求。客户访谈结束后，您将执行功能评测。此评测将使您能够确定客户的功能优势和缺陷。

身体活动情况调查表

（这是一项针对 15 ～ 69 岁人群的调查）

　　有规律的锻炼活动其实很有趣，而且能让人保持健康，越来越多的人开始执行日常锻炼计划。对于大多数人而言，积极锻炼是有百利而无一害的，但是有些人在开始锻炼前，需要询问医生的意见的。

　　如果你有增加锻炼强度的想法，先回答一下下面这 7 个问题。如果你的年龄为 15～69 岁，那么该调查表能够帮你搞清楚自己在开始锻炼前是否需要征求医生的意见。如果你的年龄在 69 岁以上，并且你长时间没有锻炼过，那么在开始锻炼前，你一定要咨询一下医生。

　　根据你的回答，在问题左侧相应的方框里打钩。

是	否	
☐	☐	1. 你的医生有没有说过你的心脏有点儿问题，因此你需要在医生的建议下开展锻炼活动？
☐	☐	2. 你在运动时会感觉到心绞痛吗？
☐	☐	3. 在过去的几个月里，没有锻炼时你有心绞痛的经历吗？
☐	☐	4. 你是否曾经因为眩晕而失去平衡，甚至失去意识？
☐	☐	5. 你的骨头或者关节（例如背部、膝盖、髋部）有什么问题吗？如果有伤，这些伤在以后的锻炼过程中是否会变得更严重？
☐	☐	6. 为了控制血压、保护好心脏，医生在现阶段给你开药（水疗枕也算）了吗？
☐	☐	7. 你还有其他不能锻炼的原因吗？

**如果你的
答案中**

有一个及以上的回答为"是"

在开始锻炼或者对自己的身体素质进行评价前，请先给你的医生打电话或者直接去见他一面，告诉他调查表里的哪一项你填的是"是"。
- 只要你慢慢来、循序渐进，就能开展所有你想开展的锻炼活动。即使是那些对你没什么伤害的运动，你也需要谨慎。你应对你的医生说明你想要做的锻炼活动，然后听听他的意见。
- 选择那些对你安全有效的锻炼活动。

所有的回答都是"否"

如果你在回答每一个问题时都是诚实的，并且回答都是"否"，那么你就能做下面几件事。
- 开始慢慢增加锻炼强度，循序渐进。这是最安全且最简单的方法。
- 进行身体素质评估——掌握自己目前的健身水平，从而个性化地执行健身计划。此外，强烈建议你再量一下血压，如果超过 140/90 毫米汞柱，你就需要跟你的医生聊一下，看看医生怎么说。

若有以下情况，不着急开始锻炼。
- 如果你现在身体状况不是很好，例如生病了，那就等病好了再说。
- 如果你怀孕了，那么在增加锻炼强度前，你要征求一下医生的意见。

请注意： 如果你的身体状况有所改善，你对于以前回答"否"的问题现在可以回答"是"了，那把这个情况向健身中心说明，让它们评估你是否可以改变锻炼方案。

已获得该调查表使用权的通知：加拿大运动生理协会、加拿大卫生局及其他代理人不对健身专业人员的行为负责，如果你对该调查表的有效性有所怀疑，请先和你的医生谈谈。

还不能改变现状。如果你需要重填整张表，那就复印一张。

注意：如果填表者没有参加过任何运动项目，这部分只能用于法律或管理目的。

　　　　"我已经通读，并完全理解且完成问卷，保证每一个回答都是发自内心的。"

姓名 _____

签名 _____ 日期 _____

父母或监护人签名 _____ 见证人 _____

注意： 调查表至少在填写完成后的一年内都是有效的；如果你的健康状况有所改变，7 个问题中任何一个的回答由"否"变成了"是"，则该调查表失效。

表 3.1　身体活动情况调查表

注：让客户填写该表是筛选可能影响运动的疾病的第一步。

From Human Kinetics, 2010, *Core Assessment and Training* (Champaign, IL: Human Kinetics).

Source: *Physical Activity Readiness Questionnaire (PAR-Q)* ©2002. Used with permission from the Canddian Society for Exercise Physiology.

身体活动情况调查表

Source: Canada's Physical Activity Guide to Healthy Active Living, Health Canada, 1998
© Reproduced with permission from the Minister of Public Works and Government Services Canada, 2002.

健身和健康专业人员可能对以下信息感兴趣。

下列资料可供医生使用，如需要请联系加拿大运动生理协会。

身体活动准备体检表（PARmed-X）——如果客户对身体活动情况调查表中的多个问题回答"是"，医生需要填写此表。

孕期身体活动准备体检表（PARmed-X for Pregnancy）——如果怀孕的病人希望多运动，医生需要填写此表。

参考资料：

Arraix, G.A., Wigle, D.T., Mao, Y.(1992). Risk Assessment of Physical Activity and Physical Fitness in the Canada Health Survey Follow-Up Study. J. Clin. Epidemiol. 45:4 419-428.

Mottola, M., Wolfe, L.A.(1994). Active Living and Pregnancy, In: A. Quinney, L. Gauvin, T. Wall（eds.）, Toward Active Living: Proceedings of International Conference on Physical Activity, Fitness and Health. Champaign, IL: Human Kinetics.

PAR-Q Validation Report, British Columbia Ministry of Health, 1978.

Thomas, S., Reading, J., Shepherd, R.J.(1992). Revision of the Physical Activity Readiness Questionnaire (PAR-Q). Can. J. Spt. Sci. 17:4 338-345.

最初的身体活动情况调查表由不列颠哥伦比亚省卫生部制作。它于 2002 年由加拿大运动生理协会的专家咨询委员会修订，此修订会议由 N. Gledhill 博士主持。

表3.1 （续）身体活动情况调查表

From Human Kinetics, 2010, *Core Assessment and Training* (Champaign, IL: Human Kinetics).

Source: *Physical Activity Readiness Questionnaire (PAR-Q)* ©2002. Used with permission from the Canddian Society for Exercise Physiology.

客户信息表

姓名：_____

地址：_____

住宅电话：_____ 出生日期：_____ 身高（厘米）：_____

办公电话：_____ 职　业：_____ 体重（千克）：_____

BMI：_____ [BMI = 体重（千克）/身高^2（米^2）]

血压：收缩压_____ 毫米汞柱　舒张压_____ 毫米汞柱

脉搏：_____ 次/分

请对适用的陈述打钩

_____ 您是一位45岁以上的男性。

_____ 您是一位55岁以上的女性。

_____ 您缺乏运动（运动频率为每周少于3次、每次少于30分钟）。

_____ 您超重［超出标准体重20磅（约9千克）及以上，或者BMI大于30］。

_____ 您目前正在吸烟或者在过去6个月内戒烟了。

_____ 您有高血压或正在服用降压药。

_____ 收缩压超过140毫米汞柱。

_____ 舒张压超过90毫米汞柱。

_____ 您的胆固醇高。

_____ 您的父亲或兄弟在55岁之前患有心脏病或做过心脏手术。

_____ 您的母亲或姐妹在65岁之前患有心脏病或做过心脏手术。

运动习惯

_____ 频繁的职业和休闲运动。

_____ 适度的职业和休闲运动。

_____ 静态工作和频繁的休闲运动。

_____ 静态工作和适度的休闲运动。

_____ 静态工作和较少的休闲运动。

_____ 完全缺乏职业或休闲运动。

列出导致您无法经常锻炼的原因：_____

_____

表3.2　如果身体活动情况调查表表明客户目前是健康的，此表将帮助您确定客户是否存在任何其他相关疾病，并提供有关客户的运动习惯和生活方式的信息

From Human Kinetics, 2010, *Core Assessment and Training* (Champaign, IL: Human Kinetics).

Reprinted, by permission, from Can-Fit-Pro, 2008, *Foundations of professional personal training* (Champaign, IL: Human Kinetics), 104-106.

您喜欢什么运动或者您过去喜欢什么运动？

1. _____

2. _____

3. _____

现有疾病

请对现有的相应疾病打钩。

_____ 贫血	_____ 癫痫	_____ 糖尿病
_____ 关节炎	_____ 心脏病	_____ 甲状腺问题
_____ 哮喘	_____ 疝气	_____ 溃疡
_____ 胆固醇	_____ 肥胖	_____ 其他：_____

药物

您目前是否正在服用药物？ _____ 是 _____ 否

如果是，请列出药物及其所治疗的疾病。

药物：_____ 疾病：_____

药物：_____ 疾病：_____

药物：_____ 疾病：_____

药物：_____ 疾病：_____

过敏史

有没有过敏症状？ _____ 有 _____ 没有

如果有，请列出过敏症状并指出所需药物。

过敏症状：_____ 所需药物：_____

过敏症状：_____ 所需药物：_____

损伤

您在下列区域是否存在疼痛或损伤？

_____ 颈部	_____ 肩关节：左/右	_____ 髋关节：左/右
_____ 上背部	_____ 肘关节：左/右	_____ 膝关节：左/右
_____ 下背部	_____ 腕关节：左/右	_____ 踝关节：左/右

请详细说明：_____

_____

_____

表3.2 （续）如果身体活动情况调查表表明客户目前是健康的，此表将帮助您确定客户是否存在任何其他相关疾病，并提供有关客户的运动习惯和生活方式的信息

From Human Kinetics, 2010, *Core Assessment and Training* (Champaign, IL: Human Kinetics).

Reprinted, by permission, from Can-Fit-Pro, 2008, *Foundations of professional personal training* (Champaign, IL: Human Kinetics), 104-106.

紧急联系方式

姓名：_____

电话：_____

关系：_____

家庭医生

姓名：_____

城市：_____

电话：_____

生活方式

	总是	有时	很少
每晚睡7～8小时。	____	____	____
每周锻炼3次。	____	____	____
定期接受医学检查。	____	____	____
每天吃3～5份蔬菜。	____	____	____
每天吃2份水果。	____	____	____
每天吃6～10份谷物。	____	____	____
每天吃2～3份肉和坚果。	____	____	____
有意识地吃得健康。	____	____	____
有严格的饮食计划。	____	____	____
生活没有压力。	____	____	____
感到快乐。	____	____	____
有上进心。	____	____	____

私人教练

签署此表单，表明我已询问和了解制订训练计划所需的相关信息。

签名：_____ 日期：_____

客户

签署此表单，表明我以坦率且诚实的方式充分披露了所有相关信息。

签名：_____ 日期：_____

表3.2 （续）如果身体活动情况调查表表明客户目前是健康的，此表将帮助您确定客户是否存在任何其他相关疾病，并提供有关客户的运动习惯和生活方式的信息

From Human Kinetics, 2010, *Core Assessment and Training* (Champaign, IL: Human Kinetics).

Reprinted, by permission, from Can-Fit-Pro, 2008, *Foundations of professional personal training* (Champaign, IL: Human Kinetics), 104-106.

第4章
身体评估和功能性测试

如上一章所述，您应该与每个客户进行初步交谈，收集有关客户健康状况和体质状况的信息。但是，如果仅依靠这些信息制订训练计划，其将是不完整的。您还必须执行身体评估和功能性测试来评估客户当前的身体状况。这样您才能够确定客户的核心肌群功能水平。然后，您可以结合客户的身体评估和功能性测试结果与访谈期间获得的信息来设计计划。

核心评估概述

许多评估工具可用于帮助确定客户的功能水平。您所面临的挑战是要选择一系列测试，以最大限度地了解客户的功能状态，并且此类测试受限于所处环境的硬件和经济因素。例如，大学医院的人可以使用昂贵的等速测试仪器或平衡训练设备，但是高中的力量教练可能仅限于使用可用的健身器材和球场空间。无论环境如何，您都应该能执行本章介绍的所有测试。

与测试身体的其他区域相比，测试核心已经被证明是具有挑战性的。例如，等速测试可以提供各种速度下客户力量的客观数据，但是大多数等速测试仪器只能用于测试上肢和下肢，而功能性测试可以提供有关客户基础功能状态的有用信息。与传统的徒手肌力测试不同，功能性测试用于测试客户在功能性运动模式下的力量，因此，测试人员可能需要进行一些额外的分析来解释测试结果。不幸的是，对这些测试的可靠性和有效性的研究通常是缺乏的。

评估客户的基础状态时，健身专业人员应使用经科学证明有效且可靠的测试。当测量到想要测量的内容时，测试就被认为是有效的。如果重复进行测试的结果始终是相同的，则该测试就是可靠的（Portney and Watkins，1999；Jewell，2008）。有些功能性测试的有效性和可靠性尚未经过科学审查，但这并不意味着这些测试缺乏实用性——它们仍然可以提供有价值的信息，以指导运动处方的开具和计划的设计。

下面列出了可用于测试核心功能的特定测试顺序。测试以客户站立姿势开始，然后客户应在治疗床或垫子上做出各种姿势并进行相关测试。设计的测试顺序旨在最大限度地减少测试期间的姿势变化次数（Plastaras et al., 2005）。

站姿评估

您对每个客户的初步评估应让其以站立姿势开始。然后，您可以观察客户的姿势，评估其主动活动度（AROM），并让其执行站姿功能性测试。

评估姿势

对于许多人来说，"姿势"一词唤起了被告知坐直或站直的回忆。当人们的颈部或背部出现肌肉骨骼损伤时，他们经常会被医疗服务人员告知保持正确姿势的好处。

为什么保持正确姿势对于客户来说很重要？为什么医疗服务人员如此重视保持正确姿势？环顾一下四周。有多少人在工作时能保持正确的坐姿超过30分钟？有人能保持1分钟吗？对于许多人来说，工作、爱好等常常限制了他们进行各种运动。很多人长时间地保持一种或两种姿势。一段时间后，身体开始适应（绷紧）以响应这些姿势。

铅垂线试验

目的　确认客户是否处于理想姿势，即是否存在姿势偏离。

说明

1. 确保客户正确着装：客户的着装应能让您轻松观察到其整个脊柱——您应让男性客户脱下衬衫，让女性客户穿运动内衣。
2. 从天花板或深蹲架的顶部悬挂一条铅垂线。
3. 从侧面观察客户时，铅垂线应该恰好通过客户耳朵的后面（通过颞骨乳突）、骶骨前面、髋关节后面，以及膝关节和踝关节的前侧（见图4.1）。此铅垂线也应该通过脊柱曲线的凹侧。
4. 除了从侧面观察，您还可以从前面和后面评估姿势。

人们通常认为保持正确姿势有助于减少异常关节载荷。随着时间的推移，异常关节载荷可能会导致关节炎。保持正确姿势还有助于减少或消除关节和肌肉疼痛。尽管很少有研究支持这些说法，但是在变换身体姿势后，许多人感到疼痛或肌肉酸痛有所缓解。

图4.1　铅垂线试验的线的位置

Reprinted, by permission, from J. Griffin, 2006, *Clientcentered exercise prescription*, 2nd ed. (Champaign, IL: Human Kinetics), 106.

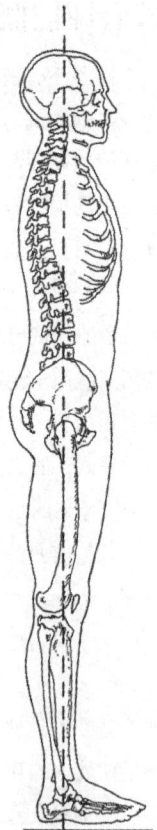

识别不良姿势比定义或量化理想姿势要容易得多。从根本上讲，理想姿势是关节、肌肉和韧带承受压力最小的骨骼姿势。

区分不同类型的姿势偏离

确定客户的姿势偏离很重要，这有两个原因。第一，表现出一种姿势偏离（参见下文）的客户将从骨科医生或物理治疗师的评估中受益。一些姿势偏离可能需要矫正运动或外科手术才能纠正。第二，确定姿势偏离类型有助于找出可能需要特定伸展或强化锻炼的肌肉。偏差标准将表明可能需要强化锻炼的身体区域。如果通过矫正运动无法纠正姿势偏离，那么盲目锻炼可能会导致受伤。

下面是一些常见的姿势偏离类型（见表4.1）。

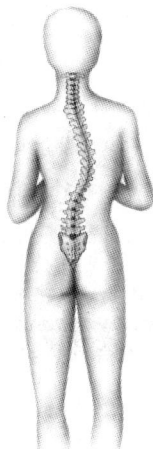

图4.2 脊柱侧凸

Reprinted, by permission, from W. Whiting and S. Rugg, 2005, *Dynatomy* (Champaign, IL: Human Kinetics), 65.

■ 脊柱侧凸。脊柱侧凸是脊柱的侧弯和旋转，如图4.2所示。您可以从客户的背后观察到脊柱侧凸，尤其是客户向前弯腰时。最新的证据表明特发性脊柱侧凸可能是由遗传因素引起的（Gao et al., 2007）。出现脊柱侧凸的儿童和青少年应被转诊给医生进行评估。出现脊柱侧凸的成年客户可能是稳定的，也就是说曲度不太可能增加。但是，成年客户也可以从骨科医生或物理治疗师的评估中受益。客户的肌肉可能长期处于紧张状态，特别是在凹陷的区域。拉伸可能有助于保持柔韧性并减少肌肉紧张（尽管目前缺少支持此说法的研究证据）。

■ 脊柱后凸。脊柱后凸是上背部的弯曲，它是频繁适应姿势的结果。脊柱后凸还可能是先天性因素或胸椎骨折的结果。这种情况也可能是老化的自然结果。从侧面观察客户时，脊柱后凸的人的上背部看起来像鼓起了一个大包，如图4.3所示。

■ 脊柱前凸。腰椎的正常凸起方向是向内的，或者朝向身体的中心。在铅垂线试验中，从侧面观察时，脊柱前凸的人通常表现出腰椎过度前凸，并因此导致胸椎过度后凸。脊柱前凸的客户可能具有紧绷的下背肌、髋屈肌和股四头肌。这些客户通常腹部明显无力。

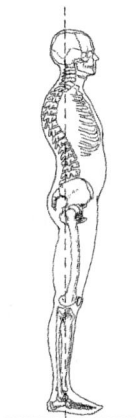

图4.3 脊柱后凸

Reprinted, by permission, from J. Griffin, 2006, *Client-centered exercise prescription*, 2nd ed. (Champaign, IL: Human Kinetics), 106.

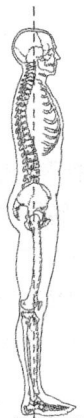

图4.4 板样背

Reprinted, by permission, from J. Griffin, 2006, *Client-centered exercise prescription*, 2nd ed. (Champaign, IL: Human Kinetics), 106.

■ 板样背。板样背的客户表现为脊柱前凸曲度和脊柱后凸曲度的减少，如图4.4所示。在铅垂线试验中，从侧面观察时，板样背的客户将表现出腰椎前凸丧失或腰椎的正常曲度丧失。板样脊或圆背的客户的一个问题是存在腰椎间盘过度弯曲的可能性。在这种姿势下椎间盘的反复载荷可能增加一些人的椎间盘损伤的风险。板样背或圆背的客户可能有紧绷的髋屈肌和腘绳肌，以及虚弱无力的核心肌群，尤其是腰伸肌。

表4.1　姿势偏离及其常见的肌肉骨骼症状

姿势偏离	常见的肌肉骨骼症状
脊柱侧凸	胸椎或腰椎中存在一个或多个侧向弯曲。在胸椎中，凸出一侧存在肋骨隆起，凹下一侧存在肌肉紧张。可能存在整个核心肌群无力的情况
脊柱后凸	胸椎过度后凸多表现为圆形的上背部。肩胛骨可能会伸展，呈翼状。肩胛骨的中央（中间）部分凸起。脊柱过度后凸的客户通常具有紧绷的胸部肌肉（胸大肌和胸小肌）与无力的核心和肩胛肌群
脊柱前凸	腰椎过度前凸（并且胸椎可能过度后凸），核心肌力可能很差
板样背	客户表现出缺少正常的脊柱后凸曲度或正常的脊柱前凸曲度，可能存在核心肌群无力和脊柱主动活动度的丧失

站立AROM测试

下面两个试验用于评估脊柱和髋部的一般可动性。出于本测试的目的，您应通过它们来了解客户的运动质量，而不是单纯地进行客观测量。

脊柱的AROM试验

目的　评估腰椎的AROM。

客户姿势　站立。

检查者位置　客户背后。

说明　告诉客户做以下动作。

1. 主动弯曲（向前弯腰）。

2. 伸展（向后弯腰）。

3. 侧向弯曲（侧弯）。

4. 旋转。

结果　观察侧弯或旋转过程中的整体运动的受限状况和左右侧的差异。如果客户不具有全活动度或左、右两侧存在运动不对称，则表明其柔韧性不够。

髋关节交叉试验

髋关节交叉试验是一种快速评估客户的髋关节活动度的有效方法。

说明　让客户单腿站立，抬起一条腿（内收并内旋）并在另一条腿前面交叉。然后让客户伸展抬起的腿并向外侧旋转这条腿。

结果　比较左、右两侧的动作以了解髋关节活动度的对称性。

站立功能性测试

以站立姿势进行的功能性测试将允许您评估客户执行功能性运动模式的能力，并确定潜在的较弱肌群。根据这些功能性测试收集的信息有助于您开具运动处方。执行这些测试很简单，因此您可以在几周后快速重新评估客户，确定制订的计划是否有助于客户增强力量并改善功能。

深蹲评估

说明　要求客户做几次深蹲动作。

结果　从前面和侧面观察客户如何做深蹲动作。从前面观察客户时，在客户降低身体时观察动作的对称性。从侧面观察客户时，观察脊柱、髋部和膝关节，如客户是否能够保持脊柱处于中立的位置？当下降到深蹲姿势时，客户的髋部是否向后移动，或者客户的膝关节是否过度屈曲？

弓步评估

说明 要求客户做前弓步。

结果 观察客户如何做前弓步。如果客户将躯干弯向一侧，内收并内旋髋部，或者表现出膝外翻（膝盖越过身体中线），则他可能存在核心肌群无力的问题。

变化动作 您还可以让客户向功能性非常重要的其他活动面做弓步动作，以执行此测试。

单腿深蹲试验

单腿深蹲试验是一种功能性测试，用于确定客户的髋部力量和核心控制能力是否存在功能失调（Zeller et al.，2003；DiMattia et al.，2005；Livengood et al.，2004）。

说明 要求客户使用一条腿进行深蹲，膝关节屈曲约60°，然后回到完全直立的姿势（Plastaras et al.，2005；Zeller et al.，2003）。如果在测试期间客户无法保持平衡，则认为测试失败，客户必须重新进行测试。

结果 从前面观察客户时，可能会看到几种异常的功能性运动模式（见表4.2）。理想情况下，客户做单腿深蹲时，其骨盆保持水平。当客户的髋外展肌（例如臀中肌）无力时，您可能会看到对侧髋部下降，这被称为特伦德伦伯格征（DiMattia et al.，2005；Livengood et al.，2004）。

对于在单腿深蹲试验中表现出功能性运动模式异常的客户，您制订的干预措施应是增强软弱的髋部肌肉组织（特别是髋外展肌和外旋肌）的力量。在此之后，您应该让客户继续进行功能性强化训练。

表 4.2 单腿深蹲异常和相关的功能异常

异常	相关的功能异常
特伦德伦伯格征	髋外展肌无力
髋关节内收或髋关节内旋	髋外展肌和外旋肌无力
膝外翻	髋部无力（或者它可能是由遗传因素导致的）
胫骨内旋	近端髋部无力（或者它可能是由遗传因素导致的）
足内翻	可能由足部肌力不平衡导致

星形偏移平衡试验

星形偏移平衡试验（SEBT）是一种功能性测试，旨在评估客户的动态姿势控制能力。SEBT 的设置过程简单，需要的设备少。通过在地板上放置 4 条胶带（2 条胶带呈十字形，另 2 条胶带呈 X 形）来创建星形。相邻胶带呈 45° 交叉（Gribble，2003）。每条胶带长约 8 英尺（约 2.4 米）。

说明

1. 让客户单腿站在星形中心。

2. 告诉客户将另一只脚尽可能远地伸向星形的各个方向。客户应该轻轻地用伸出脚的脚掌接触地面，不要用力。然后，客户伸出的脚应返回原点，同时保持支撑腿稳定。

3. 在客户的脚接触胶带的位置进行标记。从星形的中心测量距离。如果客户伸出的脚支撑地面、客户停下来休息、整个人失去平衡，或者无法返回初始位置，则本次测试无效并重新进行测试。

结果 换另一侧脚进行测试，比较两侧动作的对称性。两侧缺乏对称性可能与损伤风险的增加相关（Plisky et al.，2006）。客户伸出的脚不能到达远处可能表明支撑腿的臀肌无力或异常的动态平衡。

在治疗床或垫子上评估

完成站立评估后，你应要求客户转移到可升降的治疗床或垫子上，并在仰卧位、侧卧位和俯卧位下对客户进行一系列测试。

仰卧位

在仰卧位下进行的测试将提供有关客户下肢柔韧性的有用信息。此外，在进行侧卧位测试之前，应先进行屈肌耐力测试。

髋关节被动活动度

测试的肌肉　髋部内旋肌和外旋肌。此外，此测试还可以提供有关髋关节（髋臼股关节）健康状况的信息。具有明显不对称性和在活动度明显丧失的一侧有疼痛感的客户应当被转诊给其医疗服务人员进行评估。这类客户有可能有关节损伤或关节炎。

目的　检查髋部是否缺乏柔韧性或存在运动的不对称性。

客户姿势　仰卧，一条腿屈曲约90°（屈曲髋关节和膝关节）。

检查者位置　位于客户屈曲腿一侧。

说明　将手（最接近客户的头的手）放在客户屈曲的大腿上，并将另一只手放在该侧腿靠近脚跟的位置，以便控制客户腿的动作。慢慢地向内或向外旋转客户的脚以评估该侧髋关节的内部和外部活动度。向内旋转客户的脚时，测试的是髋关节的外旋；向外旋转客户的脚时，测试的是髋关节的内旋。

结果　评估两侧是否缺乏对称性。髋关节被动活动度减小表明客户的一块或多块骨盆或髋部肌肉可能是绷紧的，您需要进一步测试以确定哪几块肌肉紧绷。如果康复客户无法活动，您则需要针对其髋关节和脊柱进行额外的关节活动度测试。

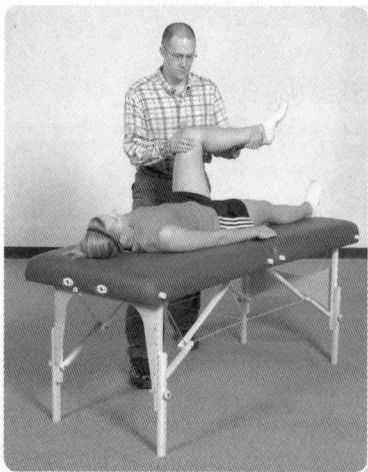

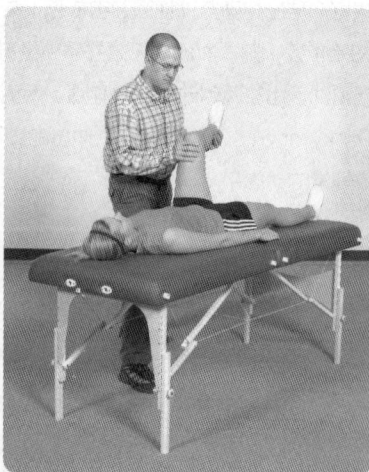

直腿抬高试验

测试的肌肉　腘绳肌。

客户姿势　仰卧。

检查者位置　站在治疗床一侧。

说明　一只手抓住客户的脚踝，另一只手触摸骨盆的前侧。慢慢地提起客户伸直的腿，直到您感觉到阻力或感觉到其骨盆移动为止。

结果　此测试使您能够评估客户腘绳肌的柔韧性，并查看两侧是否存在不对称性。如果客户表示疼痛（并非指一般的拉伸感），则应将客户转诊给其医疗服务人员。

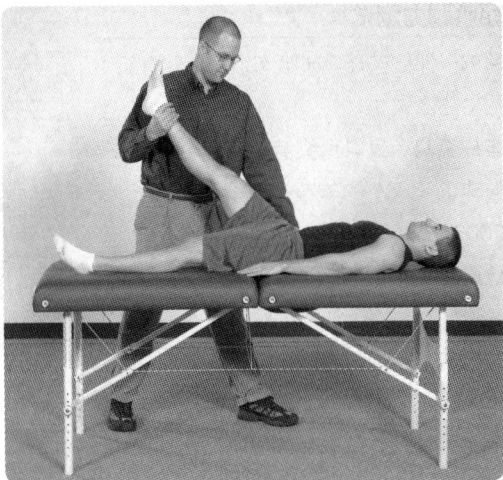

托马斯试验

测试的肌肉　腰大肌、髂肌。

客户姿势　仰卧。

检查者位置　跪（或站）在治疗床一侧。

说明　客户一侧腿屈曲并用手将其抓住，同时将另一侧的大腿放在治疗床上。

结果　如果髋部的柔韧性正常，则测试侧大腿将在治疗床上保持平放；如果髋屈肌紧张，客户该侧大腿会离开治疗床。

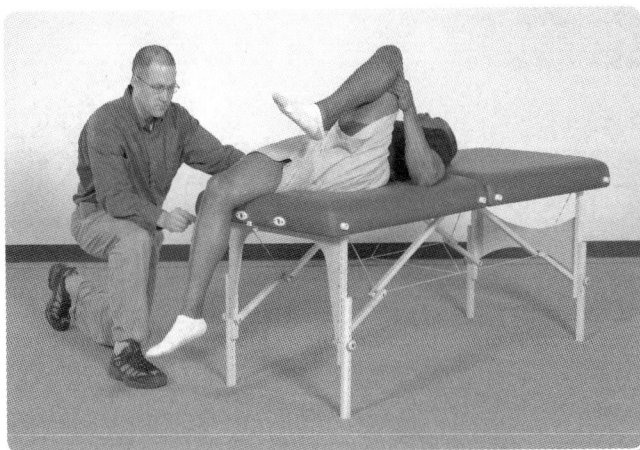

屈肌耐力测试

目的　评估核心前部肌肉组织（腹直肌）的功能性耐力。

客户姿势　呈斜倚姿势，背部最初靠在与床面呈60°的软垫或夹具上（McGill, 2002）。

检查者位置　站在客户的脚的前方。

说明

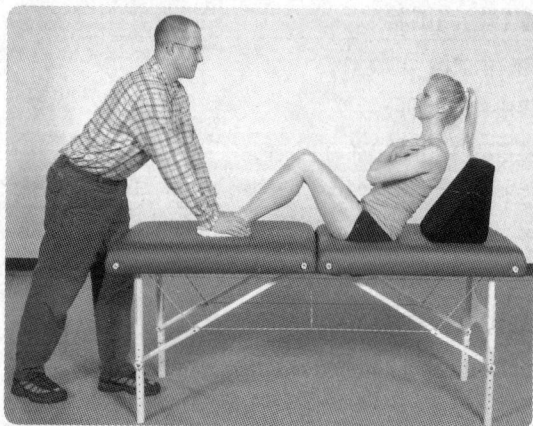

1. 客户将自己的髋部和膝关节屈曲约90°，双臂在胸前交叉。可以在客户的脚踝处绑一条皮带或腰带以帮助稳定身体；如果不使用皮带，可以在客户的脚踝处用手进行固定。

2. 开始测试前，取掉支撑物体（软垫或夹具），让助手将软垫或夹角滑离至距客户10厘米远。让客户尽可能长地保持此姿势。

结果　记录客户能保持此姿势的时间（以秒为单位）。当客户背部的任意部分与软垫或夹具接触时，测试结束。平均年龄为21岁的健康人群的平均耐力时长可参见第47页的表4.3。

侧卧位

　　在身体的两侧执行下列测试。第一个测试，即体侧肌肉组织测试，能够评估一部分核心肌肉的耐力；第二个测试，即奥伯氏试验，有助于确定髋部外侧部分的柔韧性是否存在不足。

体侧肌肉组织测试

测试的肌肉　腹外斜肌、腹内斜肌、腹横肌、腰方肌。

客户姿势　侧平板（或侧桥）式，上面的腿放在下面的腿前面，使用下侧的前臂和双脚进行支撑。

检查者位置　站在客户面前。

说明　记录客户可以保持正确的测试姿势的时间。

结果

　　首先观察客户能不能摆出正确的侧平板姿势。如果不能，则表明其体侧核心肌肉无力。如果客户可以摆出正确的姿势，请记录客户能够保持侧平板姿势多长时间（以秒为单位）。客户可能会尝试采用代偿手段来保持此姿势。您应当心客户的髋部倾向地面，还要观察客户能否保持下肢、髋关节和躯干呈一条直线。耐力测试得分之间的比率请参见第47页的表4.4。

奥伯氏试验

测试的肌肉 阔筋膜张肌（TFL）。

客户姿势 侧卧，下面的腿的髋关节及膝关节保持稳定。

检查者位置 站在客户后面，治疗床的一侧。

说明 让客户上面的腿的膝关节伸直或屈曲约90°，以外展并伸展这条腿，检查者缓缓提起客户的腿，接下来，辅助客户慢慢放下腿（或者完全移去支撑）。

结果 如果客户的TFL是绷紧的，则上面的腿将保持外展姿势（而不会落下）。

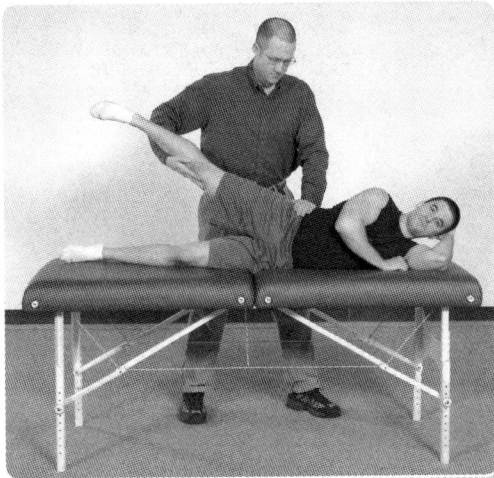

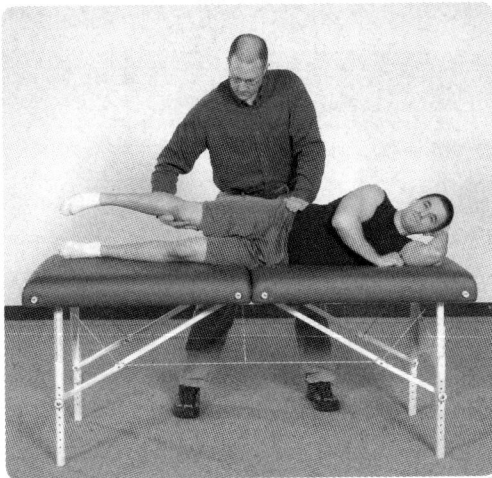

俯卧位

在俯卧位下进行的测试将提供有关髋部柔韧性和伸肌的核心耐力的信息。

跟臀试验

测试的肌肉　股直肌。

客户姿势　俯卧。

检查者位置　站在治疗床的一侧。

说明　用靠近客户脚的手抓住客户的一侧脚踝，使客户的该侧膝关节被动屈曲，将该侧脚踝向髋部移动。

结果　如果在膝关节被动屈曲时髋关节屈曲（或离开治疗床），则表明客户的股直肌是绷紧的。

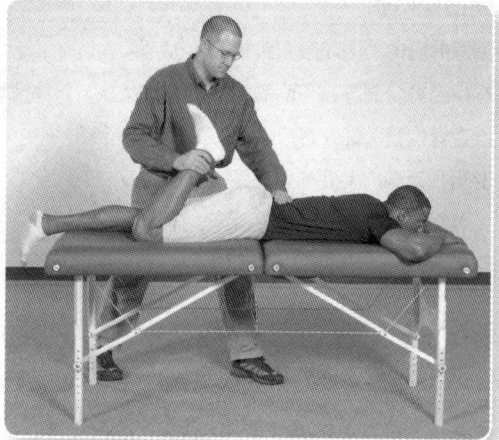

背伸肌测试

测试的肌肉　竖脊肌、多裂肌。

客户姿势　俯卧，躯干悬空，远离治疗床的床尾（Biering-Sorensen，1984）。

检查者位置　站在治疗床的一侧。

说明　客户的双臂在胸前交叉，双手放在对侧肩部。使用皮带或腰带将客户的腿与治疗床绑在一起，观察客户的躯干是否呈一条直线。

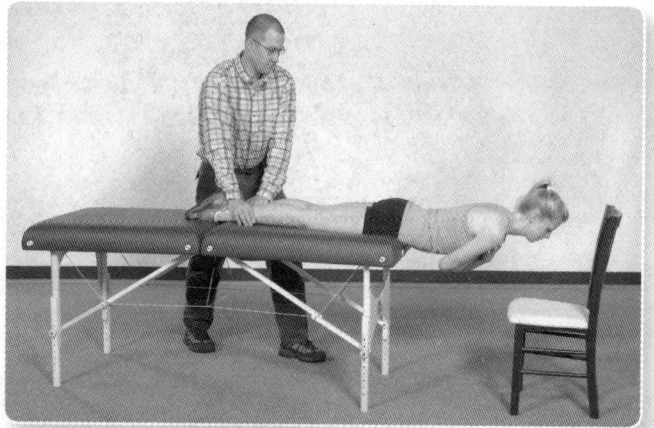

结果　在客户摆出正确的姿势后，记录其保持正确姿势的时间（以秒为单位）。当客户的身体不再呈一条直线时，测试结束。平均年龄为21岁的健康人群的平均耐力时长参见第47页的表4.3所示。

变化动作　如果没有皮带或腰带，您（或助手）可以将手放在客户的腿上进行固定。在治疗床的前方放一把椅子，这样当客户无法保持姿势时，这把椅子可为其提供支撑并稳定其上半身。让客户趴在治疗床上，并告诉她趴到床尾。从客户在胸前交叉双臂时开始计时。您应该观察客户在什么时候无法继续保持正确姿势。在测试结束时，椅子可再次为客户提供支撑。

有用的提示　一些客户好胜心极强，他们会试图长时间地保持测试姿势。一些客户可能会试图通过重复做背部伸展或仰头动作来保持测试姿势。如果出现这种情况，即使客户的身体仍呈一条直线，您也要立即停止测试。

核心耐力测试得分

　　研究人员收集了几个特定人群的标准数据，但您应注意避免将客户与这些数据进行比较。表4.3显示了平均年龄为21岁的健康人群的平均耐力时长（McGill，2002）。如何分析一个16岁的越野运动员或45岁的健身客户的得分？与其期望客户具有差不多的耐力时长，不如分析耐力测试得分之间的比率（见表4.4）。若已经确定了客户的肌力不平衡，运动处方应该针对提高相应的比率。

表4.3　平均年龄为21岁的健康人群的平均耐力时长

测试	男性	女性
伸肌	161秒	185秒
屈肌	136秒	134秒
体侧		
右侧	95秒	75秒
左侧	99秒	78秒

数据来自McGill，2002年。

表4.4　耐力测试得分之间的比率

耐力测试得分比较	表明不平衡的比率
右侧耐力/左侧耐力	＞5%
屈肌耐力/伸肌耐力	＞100%
体侧耐力（任意一侧）/伸展耐力	＞75%

数据来自McGill，2002年。

小结

　　本章介绍的身体评估顺序将帮助您确定客户的核心功能障碍。功能性测试应该从站立姿势开始，然后是仰卧、侧卧、俯卧姿势。这些测试可以揭示客户的躯干或髋部肌肉组织在活动度或柔韧性方面的潜在局限性和弱点。您必须解读这些测试结果以确定其功能性意义。将测试结果与客户的功能性需求进行整合有助于您为该客户制订恰当的核心训练计划。

第5章
计划设计的基础原理

健身或运动医学专业人员的目标是实施最佳训练策略以帮助客户获得成功。运动学家已经制订了一些训练方案和策略，以最大限度地增强人们体质和生理能力。此外，运动学家还在持续测试和完善这些方案和策略。您的责任是应用这些循证训练方法并结合您的专业经验为每个客户制订一个成功的计划。这说起来容易做起来难，尤其是在考虑制订核心计划时。本章接下来提供的指导原则可以帮助您增强设计安全有效的核心训练计划的能力。

需求分析

您在开始训练客户之前应该对客户进行需求分析。一位6个月前接受了腰椎手术的50岁的客户可能与16岁的高中田径队运动员有不同的训练目标。我们需要使用完全不同的方法来为这两个人制订核心训练计划。选择练习和设置具体的训练变量时，需求分析的结果有助于您做出正确的决定。进行需求分析时，您应考虑客户的训练目标、当前的训练水平、肌肉骨骼损伤史及身体评估和功能性测试的结果。

客户的训练目标

通过查看客户信息表并与客户进行交谈，您应该了解了客户的目标（参见第3章了解有关客户访谈的介绍）。在需求分析期间，您应该重新叙述这些目标，并让客户确认。这些目标及身体评估和功能性测试的结果可用于指导您选择核心练习并制订核心训练计划。

例如，34岁的会计师想改善他的总体健康状况，并在下个季度加入一支城市联盟篮球队。如果他的目标仅仅是改善总体健康状况，您可能会选择低到中等难度水平的核心练习。但是，由于他想要加入城市联盟篮球队，因此您可能需要制订一个包含中到高等难度水平的核心练习的计划，以及一些低到中等强度的快速伸缩复合训练。

客户当前的训练水平

无论您是私人教练、力量教练还是康复专家，许多寻求服务的新客户目前可能并没有参与一个适当的训练计划。如果客户坚持日常锻炼，您则需要确定此日常锻炼包括的核心稳定性练习的数量和类型。

客户的训练计划强度应该有多大？这取决于客户的训练目标。对于大多数健身和康复后的客户来说，一个重点开发核心肌肉耐力的适当训练计划是合适的（McGill，2002）。如果客户的日常训练计划只包含3～4个核心练习，则他们往往能坚持执行此训练计划。为这些客户制订过多的核心练习可能会减少他们执行整个训练计划的时间。另外，为了满足功能性需

49

求，除了核心耐力训练之外，客户还应该进行增强力量和爆发力的核心练习。

肌肉骨骼损伤史

如第4章所述，任何有肌肉骨骼损伤症状的客户都应该被转诊给医疗服务人士进行评估。但是，您更有可能与过去曾经受过伤但目前没有疼痛或其他损伤症状的客户合作。客户的肌肉骨骼损伤史可以为您提供有关潜在功能缺陷的线索，这类信息将指导您选择恰当的核心练习。例如，客户可能经受了好几年的膝关节疼痛，造成疼痛的部分原因可能是客户的核心功能缺陷，特别是与髋外旋肌和外展肌相关的功能缺陷。此客户的核心训练计划以快速伸缩复合训练开始是否合适？答案是可能不合适。您最好制订侧卧抬腿、侧桥和弓步等练习来弥补此客户的功能缺陷。另一个客户在试图抬起重物时经历了好几次背部疼痛。对于这个客户来说，他是否适合进行俯身杠铃划船练习？答案显然是不适合。客户可能会由于躯干弯曲而加重潜在的椎间盘损伤。对他的背伸肌进行适量的功能性耐力训练也可能是一个好方法。因此，对于此客户，最初的训练计划应侧重于在其脊柱处于中立位置时训练核心耐力，然后慢慢地向功能性目标迈进。

什么是快速伸缩复合训练？

快速伸缩复合训练是一种提升爆发力的练习。快速伸缩复合训练由肌肉或肌群的快速伸展（离心运动）和同一肌肉或肌群的立即缩短收缩（向心运动）组成。第8章详细介绍了快速伸缩复合训练的相关知识。

身体评估和功能性测试的结果

身体评估和功能性测试的结果有助于指导您制订初始训练计划。例如，如果在核心耐力测试期间客户表现出耐力差和肌肉不协调，则训练必须弥补这些缺陷。

选择练习

在收集好信息后，您就可以据此设计客户的训练计划了。显然，核心稳定性训练仅仅是所制订的总体训练计划的一个组成部分。

躯干耐力训练

麦吉尔开发了一种循证方法来制订躯干的核心训练计划（2002）。根据麦吉尔的核心运动策略，第一步必须是改善耐力，尤其是肌力不平衡的情况。报告表明，躯干耐力差和肌力不平衡的人群更容易出现背痛现象（McGill，2002；Biering-Sorensen，1984；Alaranta et al.，1995）。大多数腰痛的客户都具有核心耐力差和肌力不协调的特点。此外，许多健康的活跃客户也经常表现出耐力差的问题。例如，许多耐力运动员都有间歇性髋关节或膝关节疼痛的病史。对于这些运动员来说，核心稳定性差可能会导致一种增加髋关节和膝关节受伤风险的生物力学状况。

肌肉耐力是通过执行大量重复的低负荷训练来增强的。图5.1突出强调了实现各种训练目标所需的重复次数（Baechle et al.，2000）。如您所见，要增强肌肉耐力，客户需要将每组练习重复12次以上。

为了帮助客户增强其躯干耐力，您应该让他们大量重复每个核心练习。运动医学和力量训练专业人员提倡多样化的耐力训练策略，您应根据正在训练的特定个体制订相应的训练计划。

≤2	3	4	5	6	7	8	9	10	11	12	13	14	15	16	17	18	19	≥20

训练目标

力量　力量　力量　力量

爆发力　爆发力　爆发力　爆发力

增肌　增肌　增肌　增肌

肌 肉 耐 力　肌 肉 耐 力　肌 肉 耐 力

≤2	3	4	5	6	7	8	9	10	11	12	13	14	15	16	17	18	19	≥20

重复次数

图5.1 此图显示了实现各种训练目标大致所需的重复次数。当重复次数少时，客户可以选择举起一个较重的负荷

Reprinted, by permission, from NSCA, 2008, Resistance training, written by T.R. Baechle, R.W. Earle, and D. Wathen, In *Essentials of strength training and conditioning*, 3rd ed., edited by T.R. Baechle and R.W. Earle (Champaign, IL: Human Kinetics), 401.

训练技巧

一种有效的耐力训练策略是使用倒金字塔训练顺序（McGill，2004）。例如，力量训练专家通常会制订侧桥练习来增强客户的核心耐力。在侧桥练习中使用倒金字塔顺序时，客户会在一侧重复5次侧桥练习（每次保持10秒），然后立即在另一侧重复5次。在身体的每一侧重复5次侧桥练习之后，客户将在身体每侧重复4次侧桥练习（每次保持10秒）。在做最后一组练习时，客户将在身体每侧重复3次侧桥练习（每次保持10秒）。

侧桥练习 客户采取侧卧姿势，一侧前臂放在肩膀下方。然后，客户将上半身抬离地面，用该侧前臂和腿部支撑自己。请参见第64页查看此练习的完整说明。

躯干力量训练

对于康复后的客户或只对改善其总体健康状况感兴趣的客户来说，针对躯干肌肉的核心耐力计划有助于他们实现目标。如果客户还有其他目标，例如提升工作或运动表现，则训练计划中还应包含力量训练。要增强肌肉力量，客户需要做2～6组的动作，每组动作最多重复6次，如图5.1所示（Baechle et al.，2000）。

核心柔韧性训练

保持或改善核心柔韧性是核心训练计划的另一个重要组成部分。缺乏核心柔韧性可能会削弱人体的功能表现。例如，如果客户的核心区域无法有效旋转，那么他可能就无法完成最佳的高尔夫挥杆动作。紧绷的肌肉可能还会影响最佳运动生物力学表现，从而使身体的相邻区域承受过大的压力，并使客户因此受伤。

为了改善紧绷肌肉的柔韧性，客户应定期进行拉伸，并且应在力量训练计划快结束时进行静态拉伸练习（请参见第7章了解详细信息）。在力量训练计划快结束时，肌肉和结缔组织已变热。客户应重复2～3次拉伸动作，并且在每次重复时保持30秒。一般来说，您应该让客户每天对缺乏柔韧性的身体较紧张的

51

区域进行拉伸练习，直到此区域的柔韧性达到最佳状态。

核心快速伸缩复合训练

大多数运动员都将从核心训练计划包含的快速伸缩复合训练中受益。快速伸缩复合训练是增强提升运动表现所需的爆发力的关键。最新研究强调了在运动员的训练计划中包含核心快速伸缩复合训练的功能性好处。例如，对于高尔夫球手来说，包含与核心相关的快速伸缩复合训练有助于提高其挥杆时的杆头速度并增加开球距离（Doan et al.，2006；Fletcher and Hartwell，2004）。快速伸缩复合训练还可用于降低女性运动员的创伤性膝关节损伤风险（Myer et al.，2006；Myer et al.，2008）。

您在设计包含快速伸缩复合训练的训练计划时必须考虑多种变量因素。第 9 章提供了计划设计的注意事项。

周期性原则

训练周期是一种计划设计策略，有助于让运动员做好准备并提升其竞争力（Wathen et al.，2000）。这个策略包括有意制订训练的频率、强度和持续时间，以便让运动员为比赛做好准备（季前赛），帮助他们在休赛期保持体能，以及在淡季逐渐减少训练。周期性力量训练计划可分为以下周期：大周期、小周期和微周期。大周期指运动员的整个训练期。对于大多数运动员来说，大周期的时间通常超过一年。但是，对一些运动员来说，例如奥运会选手，大周期可能持续几年。大周期可以分为几个小周期。小周期可能持续几周到几个月。最后，每个小周期可分为多个微周期。微周期持续 1 ~ 4 周。小周期和微周期的确切数目和时长取决于个体的运动训练需求。训练周期是一个复杂的概念，您需要学习相关理论并进行实践。鉴于核心训练的目的，健身专家需要解决如何将核心稳定性训练纳入每个训练周期的问题。

赛季可以划分为以下几类：淡季、季前赛、当前赛季、季后赛。每个赛季不同的训练阶段，教练需要仔细考虑所有训练因素。

在准备期（淡季），运动员没有预定的比赛。准备期分为 3 个阶段：增肌–耐力阶段、基础力量阶段和力量–爆发力阶段（见表 5.1）（Wathen et al.，2000）。

增肌–耐力阶段通常出现在准备期的前几周（1 ~ 6 周）（Wathen et al.，2000）。在这个阶段，运动员的目的是发展肌肉耐力，为接下来的强化训练做好准备。这通常伴随着大量的低强度训练（见表 5.1）。在此阶段，一种适当的策略是通过侧平板支撑、俯卧平板支撑交替抬腿、卷腹练习来提升运动员的躯干耐力，如表 5.2 所示。在此阶段，如果不做模拟功能性运动模式的练习（例如第 83 ~ 85 页的弓步），运动员可能就会做器械深蹲或者使用其他针对腿部和髋部的强化器械来增强下肢力量。在此阶段快结束时（第 5 周和第 6 周），运动员可能开始进行针对核心和下肢的低强度快速伸缩复合训练。在这个训练阶段，运动员脚部接触地面的次数（下肢跳跃训练）或总投掷次数（例如第 126 页的侧向抛药球）不能超过 30 次。

基础力量阶段旨在提升运动员的肌肉力量（Wathen et al.，2000）。在此阶段，运动员可以按照表 5.1 中所示的强度和运动量进行自由重量锻炼，例如深蹲和弓步。表 5.3a 和表 5.3b

表5.1　抗阻训练的训练周期模型

阶段	准备期 → 第一过渡期			比赛期			第二过渡期（积极性休息）
	增肌－耐力阶段	基础力量阶段	力量－爆发力阶段	达到最佳状态	或	保持最佳状态	
强度	低到中等	高	高	高		中等	少量的低强度练习（可能不包含抗阻训练）
	50% ~ 75%1RM	80% ~ 90% 1RM	87% ~ 95% 1RM 75% ~ 90% 1RM	≥93% 1RM		80% ~ 85% 1RM	
运动量	高到中等运动量	中等运动量	低	非常小		中等运动量	
	3 ~ 6组	3 ~ 5组	3 ~ 5组	1 ~ 3组		2 ~ 3组	
	10 ~ 20次重复	4 ~ 8次重复	2 ~ 5次重复	1 ~ 3次重复		6 ~ 8次重复	

Reprinted, by permission, from NSCA, 2008, Resistance training, written by T.R. Baechle, R.W. Earle, and D. Wathen, In *Essentials of strength training and conditioning*, 3rd ed., edited by T.R. Baechle and R.W. Earle (Champaign, IL: Human Kinetics), 511.

表5.2　增肌－耐力阶段执行的核心练习示例

练习	运动量
侧平板支撑（两侧都进行此练习）	每侧3组，每次保持10秒
俯卧平板支撑交替抬腿	3组，每组两侧各重复执行10 ~ 20次
卷腹	2 ~ 3组，每组重复10 ~ 20次

表5.3a　基础力量阶段执行的核心练习示例：第1 ~ 3周（周一、周三、周五）

练习	运动量
滑轮下拉	参见表5.1
杠铃/哑铃深蹲	参见表5.1
弓步	参见表5.1
侧平板支撑（两侧都进行此练习）	每侧3组，每组重复30次
俯卧平板支撑交替抬腿	3组，每组两侧各重复30次
卷腹	30次以上

请参见第6章了解每项练习的介绍。

表5.3b　基础力量阶段执行的核心练习示例：第4 ~ 6周（周一、周三、周五）

练习	运动量
弓步（迈向多个角度）	参见表5.1
绳索下砍	每侧重复30次
单臂交替划船	每侧重复30次

请参见第6章了解每项练习的介绍。

提供了一个为期3天的训练周期模型，强调了此阶段的训练变量因素（对于第4 ~ 6周，运动员将继续执行之前的计划，并添加表5.3b所列的练习）。杠铃/哑铃深蹲（见第80页）、弓步（见第83页）和滑轮下拉（见第81页）等练习都可纳入此训练周期模型（见表5.3a和表5.3c）。对于此阶段，您应该从中等和高级核心练习（参见第6章）中进行选择。例如，针对高尔夫球手的训练计划可以包含弓步转体（见第83页）、罗马椅转体（见第78页）和俄罗斯转体（见第79页）。在此阶段，运动员还会进行中等强度的快速伸缩复合训练。

表 5.3c　基础力量阶段为期 3 天的训练周期模型示例

周	组	休息时间/分钟	重复次数	周一 100%的指定训练负荷	周三 80%的指定训练负荷	周五 90%的指定训练负荷	计划的其他组成部分（T = 周二，R = 周四）
1	3	3	8	80% 1RM	65% 1RM	75% 1RM	耐力：T、R
2	3	3	6	80% 1RM	67% 1RM	77% 1RM	耐力：T、R
3	4	3	6	85% 1RM	70% 1RM	80% 1RM	耐力：T、R
4	4	3	6	85% 1RM	75% 1RM	83% 1RM	耐力：T、R
5	5	3	5	90% 1RM和下半身的快速伸缩复合常规训练	70% 1RM	85% 1RM和上半身的快速伸缩复合常规训练	耐力：T、R
6	5	3	5	90% 1RM和下半身的快速伸缩复合常规训练	75% 1RM	87% 1RM和上半身的快速伸缩复合常规训练	跑步和核心练习，每周 3 ~ 5 天

注：1RM=一次最大重复负荷。

力量–爆发力阶段是准备期的最后一个阶段。这个阶段经常与运动员的季前赛（到第一场活动或比赛前）重合。在此阶段，运动员的目标是增强力量和爆发力。快速伸缩复合训练旨在提升运动表现。此阶段会增加爆发力练习（快速进行的全身练习），例如强力推举（Wathen et al., 2000）。在此阶段，运动员应继续进行结合专项的核心练习。

在准备期的每个阶段之间，运动员应该有一周的恢复期来进行低强度、低运动量的训练（Wathen et al., 2000）。在此期间，运动员应执行 2 或 3 个基本核心练习（2 ~ 3 组，每组保持 10 秒）。

比赛期（赛季期间的训练）在准备期之后。在此期间，训练目标是让运动员在几场赛事期间或整个赛季中达到最佳状态，或保持最佳状态，如表 5.1 所示。训练量可以保持在非常小到中等水平（2 ~ 3 组，每组重复 6 ~ 8 次），并且训练强度应该不大于中等水平（80% ~ 85%1RM）（Wathen et al., 2000）。

其他人则建议，在更激烈的竞争期，训练强度应大于运动员的 93%1RM，运动量应非常小（1 ~ 3 组，每组重复 1 ~ 3 次）。爆发力练习（例如强力推举和挺举）将在此阶段进行。在此阶段制订的核心练习应包含功能性运动模式（例如第 85 页的弓步持球转体）和中等到高强度的快速伸缩复合训练（例如第 129 页的药球仰卧起坐）。

在运动员的比赛期间或赛季结束时，第二过渡期开始。此过渡期一直持续到下一个准备期开始。在此期间，运动员进行少量的低强度练习（Wathen et al., 2000），以及基本的核心耐力练习。

平衡训练和稳定性训练

平衡指人保持自己的身体重心稳定的能力。平衡训练应用领域包括康复（例如脚踝扭伤后改进本体感觉）和伤害预防（例如减少摔倒的训练计划）。我们不应该混淆平衡训练与稳定性训练。稳定性训练（或核心稳定性训练）旨在使用增强核心功能的练习来稳定（或保护）脊柱免受潜在损伤。您在制订某些平衡训练的练习时，如果客户需要做腹部收缩动作，则可以将其纳入稳定性训练（McGill，2004）。

小结

收集了访谈信息，进行了身体评估和功能性测试，并进行了需求分析，您就可以为客户制订个性化的训练计划了。

肌肉耐力训练通常是客户的主要目标。对于大多数健身和康复后的客户来说，强调肌肉耐力的核心训练计划能满足他们的功能性需求。核心训练计划应该强化躯干和髋部的肌肉。

对一般的运动员来说，力量训练方案应该被添加到核心训练计划中。针对这些人员的核心训练计划在最初应包含基本核心耐力练习，以解决任何潜在的肌肉不协调问题，然后添加中等和高级核心耐力练习。对于竞技运动员来说，制订一个周期性的全年训练计划有助于最大限度地提升其运动表现。

第6章
核心练习

完成了身体评估和功能性测试，并对客户进行了需求分析，您就可以开始为客户制订训练计划了。本章介绍的核心练习将优化客户的肌肉耐力和核心力量。在本书的后面部分中，您将学习如何整合核心功能解剖学、客户访谈、身体评估和功能性测试，以及计划设计的基础原理等知识，提升制订安全有效的核心训练计划的能力。第9章将提供几个训练计划示例，以供您参考。

增强核心耐力和力量

核心练习可最大限度地减少施加于脊柱的力量或负荷。大多数人（患者、健康客户或运动员）都会从添加到其总体训练计划的核心练习中受益。本部分介绍的练习将增强客户稳定其躯干的能力。

本章的核心耐力练习根据困难程度分为3类：基本、中等和高级。客户的身体评估和功能性测试结果将作为确定适当运动处方的起点。大多数康复客户和未经训练的客户都应该从基本核心耐力练习开始。但是，一些客户也许能够安全地执行基本和中等核心耐力练习。包含中等核心耐力练习的核心训练计划将满足大多数健身客户和康复客户的功能性需求。高级核心耐力练习通常可以纳入运动员的训练计划。

在客户进行任一核心练习之前，您应该先介绍核心功能解剖学知识和核心练习的重要性，向他提供基本信息。这时，您还应该指导客户如何做腹肌收缩练习。腹肌收缩练习是所有核心练习的基础，因此您应该确保客户可以正确地进行这个练习。对客户进行基本的核心练习培训可以让他们更好地执行训练计划。

腹肌收缩涉及腹壁肌肉的等长收缩（不涉及腹壁的向内或向外运动）和腰部肌肉的协同收缩（McGill，2002）。对于本章介绍的所有练习，客户都应该在做动作之前收缩腹肌。下面推荐两种教学技巧来指导客户进行腹肌收缩练习（McGill，2002，2004）。

第一种技巧是在提供指导时让客户积极参与（McGill，2002，2004）。客户应该采取站立姿势，轻微弯曲腰椎（前倾），同时触摸腰伸肌。然后，客户应站直，同时继续触摸下背部肌肉。当客户感觉肌肉不再收缩（或他们感到放松）时，告诉客户保持相应姿势。接下来，告诉客户在这种姿势下收缩腹肌。如果客户能够收缩腹肌，则他应该能够在所有姿势下收缩腹肌。

第二种技巧是先指导客户进行外周关节的协同收缩（McGill，2002，2004）。例如，在膝关节，可以展示股四头肌和腘绳肌的协同收缩。在协同收缩之前和期间，要求客户触摸其肌肉能够很好地说明此技巧。接下来，指导客户对膝关节肌肉进行类似的协同收缩。根据需要重复使用此技巧，直到您确定客户能够在所有外周关节（踝关节、膝关节、肘关节和腕关节等）做协同收缩动作为止。最后，要求客户在站立时试着进行腹肌的协同收缩。

基本核心耐力练习

基本核心耐力练习可以作为所有日常核心训练的起点。但是不要让"基本"一词欺骗了您。对许多客户来说，这些练习都是有挑战性的。对一些人来说，基本核心耐力练习能满足其具体的健身或康复目标，而对另一些人来说，他们一旦能够成功地完成基本核心耐力练习后，就应该向中等核心耐力练习迈进了。

基本的四点支撑练习

以四点支撑姿势执行的核心耐力练习非常适合训练脊柱伸肌和臀肌。

寻找脊柱中立位

起始姿势 四点支撑。

动作 客户首先背朝天花板（"愤怒的猫"姿势或骨盆后倾），然后换姿势，让骨盆朝地板方向旋转（"骆驼"姿势或骨盆前倾）。脊柱中立位被认为是这两种极限骨盆运动之间的中点位置。客户在找到脊柱中立位后，应进行等长腹肌收缩练习。

常见错误及纠正方法 在四点支撑姿势中，许多客户主要通过膝关节支撑其体重。为了帮助客户改善其体重分布，您应该口头指导和/或动手提示客户在垫子上的4个支撑点之间平均分布体重。在客户尝试中等或高级核心耐力练习时，这种平均的体重分布对于防止腰椎用力至关重要。

康复客户的注意事项 在做其他基本和中等的四点支撑练习之前，客户必须掌握此练习。对于一些客户来说，他们的初始家庭锻炼计划中可以仅包含此练习，每天练习3组，每组重复10次（等长腹肌收缩练习每次保持10秒）。

健身客户的注意事项 客户应该迅速从此姿势转换到更具挑战性的其他基本或中等的四点支撑练习。

下一步练习 俯身屈髋单手双膝跪姿或俯身屈髋双手单膝跪姿。

俯身屈髋单手双膝跪姿

起始姿势 四点支撑。

动作 客户收缩腹肌并抬起一条手臂，该手臂与躯干在一条直线上。客户保持此姿势5 ~ 10秒，然后回到起始姿势，重复此动作，两侧交替进行。

康复和健身客户的注意事项 此练习很适合康复客户或体弱的客户。大多数人都可以快速掌握此练习，然后根据他们的能力逐步增加难度。

下一步练习 俯身屈髋双手单膝跪姿或四点支撑单手单膝跪姿（见第65页）。

俯身屈髋双手单膝跪姿

先决条件 要完成此练习，客户的臀大肌必须有足够的力量并且必须能够稳定脊柱和骨盆。臀大肌是这种姿势下使用的主要髋伸肌。对于工作相关任务（例如搬运、蹲坐）和体育活动来说，臀部力量非常重要。如果客户在腿部伸展方面有困难，则您可能需要为其制订单独训练臀大肌的练习（例如俯卧伸髋或臀桥）。

起始姿势 四点支撑，脊柱处于中立位。

动作 客户做腹肌收缩练习。接下来，将一侧膝盖抬离垫子，收缩该侧臀大肌，向后伸展该侧腿，让该侧大腿与躯干在一条直线上，同时保持脊柱处于中立位。

常见错误及纠正方法

1. 客户不能完全伸展腿。要纠正这一错误，请告诉客户将腿尽可能地往后伸展，同时保持正确的姿势。

2. 客户通过使用其他肌肉来协助伸展。例如，客户可能会通过躯干侧弯和旋转来帮助实现腿的完全伸展。在客户抬起腿时，您可以动手将其躯干稳定在正确位置来纠正此技术错误。

康复和健身客户的注意事项 如果需要，告诉客户在伸展腿之前应在四肢之间均匀地分布体重。如果客户的体重被不均匀地分布到四肢上，则客户会将重心转移到支撑腿一侧以便抬起另一条腿。

下一步练习 四点支撑单手单膝跪姿。

强化臀肌的基本练习

俯卧伸髋

起始姿势 俯卧，双腿伸直。

动作 客户一条腿的膝关节屈曲至呈90°角。接下来，客户收缩该侧臀大肌并通过收缩臀部肌肉并将该侧脚抬向天花板。

常见错误 客户会通过伸展腰椎来帮助完成此动作。

康复客户的注意事项 此练习可能会让患有椎间关节炎或退行性关节炎的客户感到疼痛。

健身客户的注意事项 为了强化臀大肌，客户应该每侧做2 ~ 3组，每组重复15 ~ 20次。

下一步练习 臀桥、四点支撑单手单膝跪姿。

臀桥

起始姿势 仰卧，双侧髋关节屈曲约45°，双侧膝关节屈曲约90°（呈卧钩姿势）。双脚分开，平放在垫子上，与肩同宽。

动作 客户收缩臀肌，向天花板方向抬起臀部（呈臀桥姿势）。臀部、大腿和背部应该在一条直线上（避免腰椎过度伸展）。

常见错误及纠正方法

1. 客户通过过度伸展腰椎来拱起背部。这通常是缺乏本体感受控制的结果。您可以通过口头指导客户来纠正此技术错误。客户如果仍然存在腰椎过度伸展的情况，则可能需要进行更多的俯卧伸髋和俯身屈髋双手单膝跪姿。

2. 一些客户可能会通过收缩腘绳肌来做臀桥动作。腘绳肌主要用作膝屈肌，并

有助于伸展髋关节。当髋关节无力或存在功能障碍时，客户将会通过收缩腘
绳肌来完成此动作。为了帮助纠正此错误，在客户做臀桥动作时，您可以触
摸其腘绳肌，同时指导客户收缩臀肌。客户可以从其他髋关节伸展强化练习
中受益，例如俯卧伸髋和俯身屈髋双手单膝跪姿。

下一步练习 单腿军步臀桥、单腿直膝臀桥（见第66页）。

蚌式练习

蚌式练习有利于激活臀中肌（McGill，
2004）。

起始姿势 侧卧，髋关节略微屈曲，膝
关节屈曲约90°。

动作 客户通过收缩髋部肌群将上方的
膝盖与下方的膝盖分开，以模仿蚌壳的
开合，此时的动作应该仅是上方的髋关
节外旋。

常见错误及纠正方法 有时客户会通过
转动躯干或旋转骨盆来帮助抬高上方的
膝盖。您应告诉客户在抬起膝盖时不要转动或旋转躯干。您还可以用手帮助客户
固定其骨盆和腰部。这样做可能有助于客户只做髋关节外旋动作。

康复和健身客户的注意事项 客户在能够正确执行髋关节外旋动作后，应进行下
一步练习。

下一步练习 侧卧直腿抬高。

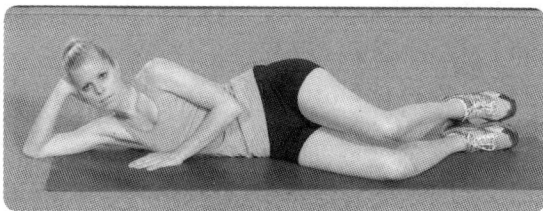

侧卧直腿抬高

起始姿势 侧卧，双腿伸直。

动作 客户外展（抬高）上方的腿。
此腿应略微向外旋转10°～20°。客
户应该尽可能高地抬高这条腿；在髋
关节运动时，躯干应保持处于中立位。

常见错误及纠正方法

1. 客户调用髋屈肌来弥补软弱无力的髋外展肌。

2. 客户外展腿，同时脚（或腿）内旋。

为了帮助纠正这些错误，您可以让客户采取脚后跟靠墙的起始姿势。在整个练习
期间，客户应在保持脚后跟靠墙的情况下外展上方的腿。这会帮助客户形成恰当
的运动控制能力。

站姿基本练习

直臂下拉

起始姿势 面向绳索拉力器站立。双臂向前伸直，双手正握绳索拉力器握杆。肩胛骨（肩胛带）应缩回并压低。

动作 客户将绳索拉力器握杆拉向腿部，保持 1 ~ 2 秒，然后缓慢地让握杆返回起始位置。

常见错误及纠正方法 康复或健身客户可能无法在整个动作期间保持脊柱处于中立位。要纠正此错误，您应指导客户减轻重量，以便客户能够在保持脊柱处于中立位的情况下完成此练习。

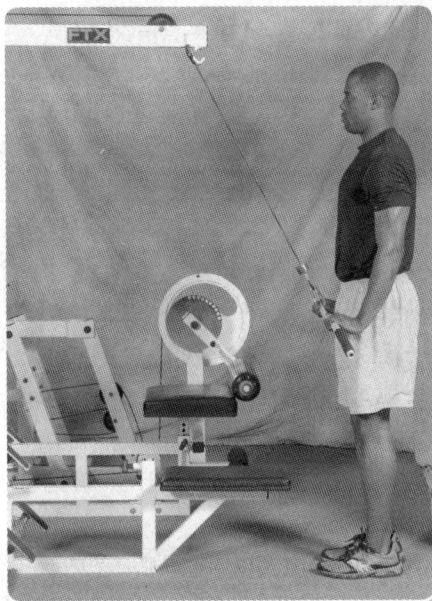

倚墙支撑

倚墙支撑（也称侧桥矫正练习）是进阶至侧桥练习的准备练习。并不是所有客户都需要进行此练习。此练习适用于年长客户（他们可能很难从地板上站起）或从腰伤或脊柱手术中恢复的客户。对一些客户来说，例如老年客户或健康状况严重恶化的客户，倚墙支撑可能是训练腰方肌、腹内斜肌、腹外斜肌和腹横肌的主要练习（McGill，2002）。

起始姿势 侧对墙站立，内侧手臂与肩同高，前臂贴在墙上。客户靠在墙上，使用前臂支撑身体。

动作 客户保持此姿势10秒（每侧2 ~ 3组）。

下一步练习 绳索侧跨步（见第63页）或侧桥的基础（初学者）版本（见第64页）。

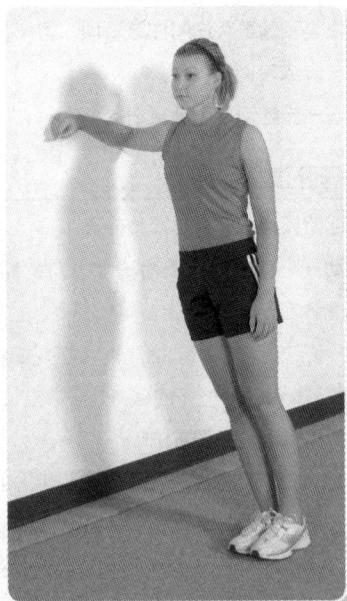

绳索侧跨步

如果客户发现倚墙支撑太简单，但又无法侧卧在地板上，那么绳索侧跨步是一个很好的选择。

起始姿势 侧对绳索拉力器站立，在腹部前面握住拉力器上的绳索或弹力带。

动作 客户向远离绳索拉力器一侧迈5步，并保持姿势5～10秒。然后往回迈5步，回到起始位置。

变化动作 如果没有绳索拉力器或绳索拉力器不可用，可以使用一根阻力适当的弹力带。

其他基本练习

卷腹

卷腹及其多种变化动作用于训练腹部肌肉，尤其是腹直肌。当客户第1次学习卷腹时，您必须对他进行密切监督。进行卷腹时，客户通常会犯很多技术错误。

起始姿势 仰卧，勾腿。

动作 客户通过收缩腹直肌并弯曲中背部来进行卷腹。客户的手臂可以放在体侧、在胸前交叉或放在头旁边。

常见错误及纠正方法

1. 客户的手放在头后。尽管一些客户也许能够将双手放在头后进行支撑，但是有些人可能会在无意中对头部施加有害的力量（McGill, 2002）。因此，您应该告诉客户避免将手放在头后。

2. 客户过度含胸。

3. 客户卷腹时抬起得太高。腹直肌无力的客户可能会尝试使用髋屈肌做卷腹，那么客户做的将是仰卧起坐而不是卷腹。您应该告诉客户避免"过度卷腹"，并将抬起高度限制为肩胛骨离开地面即可。

重点提示 卷腹比仰卧起坐更好——仰卧起坐增大了腰椎的弯曲幅度，这可能导致椎间盘曾受伤的人再次受伤。

下一步练习 中等核心耐力练习中与腹直肌有关的练习（见第67页、第71页）。

侧桥的基础（初学者）版本

起始姿势 侧卧，前臂、髋部和大腿进行支撑，双膝弯曲。

动作 客户收缩腹肌，将髋部和大腿抬离垫子。在最终的姿势中，前臂、膝盖、小腿和脚应支撑身体。客户应在每侧保持此姿势10秒，并根据需要进行重复。

康复和健身客户的注意事项 侧桥的基础（初学者）版本是康复客户和健身客户的一个较好的训练选择。此练习适用于强化腹斜肌、腹横肌和腰方肌。

下一步练习 侧桥（侧平板支撑）（见第66页）。

前平板支撑或俯卧平板支撑

起始姿势 俯卧，使用前臂和脚趾支撑身体。躯干、髋部和腿呈一条直线。客户如果很难保持此姿势，则可以使用膝盖支撑身体。

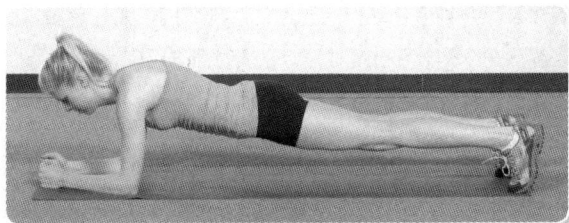

动作 客户保持此姿势10秒，然后休息，并根据需要进行重复。

下一步练习 前平板支撑-单手伸/单腿伸（见第67页）。

直腿抬高

起始姿势 仰卧，一侧下肢伸直放在垫子上，另一侧髋关节屈曲约60°。

动作 客户收缩伸直腿的大腿肌肉，然后将该侧腿抬离垫子6～8英寸（约15～20厘米），保持此姿势5秒，并根据需要进行重复。

中等核心耐力练习

四点支撑单手单膝跪姿

四点支撑单手单膝跪姿，也称鸟狗式练习（McGill，2002）是力量教练和康复专家经常指定的一个练习。对于此练习，客户必须能够在保持脊柱中立的情况下抬高对侧的手臂和腿。

起始姿势　四肢着垫，脊柱处于中立位。

动作　客户首先进行腹肌收缩动作。抬起一侧手臂的同时抬起另一侧腿。保持此姿势5 ~ 10秒，并换至对侧重复。

常见错误及纠正方法

新手很少能够正确地执行此练习。为了能让客户成功地完成此练习，您可能需要在他们的训练计划中增加几个基本核心耐力练习，以便增强其部分软弱无力的肌肉组织的力量（见表6.1）。

表6.1　影响四点支撑单手单膝跪姿的异常运动模式及纠正练习

肌肉或肌群	异常运动模式	纠正练习
竖脊肌	无法固定骨盆上方的脊柱（观察到客户躯干侧弯、旋转或拱起）	直臂下拉、前平板支撑或俯卧平板支撑
臀大肌	无法完全伸展髋关节	俯卧伸髋、臀桥
臀中肌和臀小肌	无法完全伸展髋关节	蚌式练习、侧卧直腿抬高
腹直肌	无法固定骨盆上方的脊柱	前平板支撑或俯卧平板支撑、卷腹

侧桥（侧平板支撑）

客户掌握了侧桥的基础（初学者）版本后，就可以学习侧桥（侧平板支撑）了。

起始姿势　侧卧，一侧前臂和肘部置于肩膀下方。两脚一前一后或一上一下。

动作　客户将身体抬离垫子，仅使用下方的前臂和双脚支撑自己。可以将上方的手臂平贴在躯干一侧。

常见错误　客户的动作中出现轻微的躯干转动，客户无法保持髋部处于中立位，或者头部、躯干和腿部未在一条直线上。

下一步练习　侧桥-髋关节外展（见第76页）。

单腿军步臀桥

起始姿势　仰卧，勾腿。

动作　客户做臀桥动作。在臀桥动作顶部，客户略微屈曲一侧髋关节形成"军步"，保持此姿势5～10秒，然后放下这条腿返回起始姿势。客户应根据需要进行重复，并在两侧交替完成此动作。

单腿直膝臀桥

起始姿势　仰卧，勾腿。

动作　客户做臀桥动作。在臀桥动作顶部，客户伸直一侧膝盖，保证身体从肩部到该侧脚踝都在一条直线上，保持此姿势5～10秒。客户应根据需要进行重复，并在两侧交替完成此动作。

前平板支撑

起始姿势　使用前臂和双脚支撑身体，同时保持核心处于中立位。

动作　客户保持此姿势10秒，并根据需要进行重复。

重点提示　在客户练习时，您应当密切注视客户，看他的身体是否呈一条直线。

常见错误　客户的身体无法呈一条直线，可能表现为髋关节屈曲或者臀部朝天花板抬起。

下一步练习　前平板支撑－单手伸/单腿伸。

前平板支撑－单手伸/单腿伸

起始姿势　与前平板支撑一样。

动作　客户抬起一侧手臂或腿，保持此姿势5～10秒，然后换另一侧重复动作。

健身客户的注意事项　对于健身客户来说，这是一个很好的练习，在进行多次重复后，其核心耐力将增强，髋伸肌将得到强化。

前平板支撑－对侧手腿伸展

起始姿势　与前平板支撑一样。

动作　客户同时稍稍提起一侧手臂和对侧腿，保持此姿势5～10秒。客户应该在每一侧多次重复此动作。

药球和瑞士球在核心训练中的作用

通过搭档训练和快速伸缩复合训练，您可以将药球和瑞士球纳入动态核心稳定性训练。使用药球或瑞士球的好处是可以使用特定的动作模式训练核心肌群，这是传统的自由负重器械无法做到的。但是，您应谨慎地使用此方法：根据客户的训练目标和身体评估及功能性测试结果来确定药球或瑞士球是否适合纳入客户的计划。一位久坐不动的55岁的客户是否真的需要做药球投掷训练？对于一位久坐不动的35岁的会计来说，过顶–胯下传球有什么功能性好处？

很明显，搭档训练和增强式训练的一个缺点是客户必须有药球、瑞士球、哑铃和一个搭档或助手。下面的很多练习都需要使用上述器械或有一个搭档，因此这些练习应该主要用来补充客户的核心训练计划。

站姿躯干旋转传球

起始姿势 客户和搭档背对背分腿站立，两人的距离约为两人手臂的长度。

动作 客户转向右侧同时将药球拿在腰的高度。搭档转向左侧来接药球。下一次搭档改变方向，转向右侧接药球，继续练习。在每侧根据需要进行重复。

站姿高低躯干旋转传球

起始姿势　客户和搭档背对背站立，距离彼此 1 ～ 2 英尺（约 30 ～ 61 厘米）。客户将药球拿在右髋关节位置。

动作　客户首先将药球从她的右髋关节横跨身体斜向旋转至左肩。搭档向右转动以从客户那里接药球。然后，搭档将药球从高处移至身体的左下方，客户转向右侧接药球。在每侧根据需要进行重复。

过顶－胯下传球

起始姿势　客户和搭档背对背站立，距离彼此 1 ～ 2 英尺（约 30 ～ 61 厘米）。

动作　客户将药球举过头顶，将其交给搭档。搭档接住药球并向下移动至两腿之间以便将它交给客户。客户和搭档应该在一个方向上重复此动作数次，然后反方向重复此练习。

瑞士球仰卧摆腿

起始姿势 仰卧在垫子上，张开双臂，双腿（从膝盖到脚）放在瑞士球上。
髋关节和膝关节都屈曲约90°。

动作 客户将瑞士球旋转至一侧，同时在整个练习期间保持瑞士球位于垫子上。
客户应该尽可能旋转，同时保持上背部和肩膀平放在地上。此练习的目标是让
客户的一侧膝盖能接触到地面或者尽可能接近地面。客户应该在每一侧根据需
要重复练习。

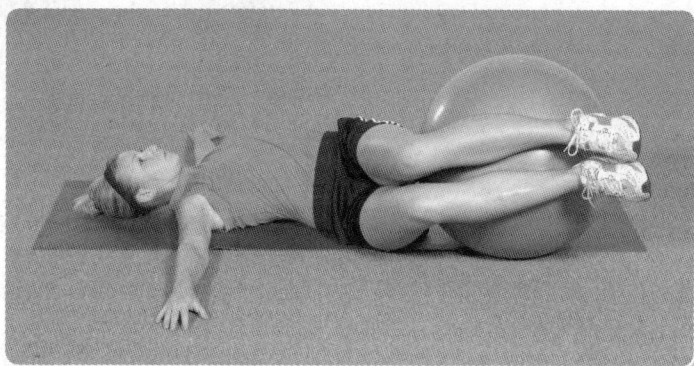

瑞士球臀桥

起始姿势 仰卧在垫子上，双脚放在瑞士球上。客户可以下列两种方式放置脚：
脚后跟接触瑞士球，脚掌平放在瑞士球上。

动作 与传统的臀桥练习一样，客户挤压（收缩）臀肌，将髋部抬向天花板。

反向卷腹

起始姿势 仰卧在垫子上，两腿弯曲，将瑞士球放在两脚之间。

动作 客户将膝盖向胸部靠拢，将瑞士球从垫子上夹起。

脚撑瑞士球平板屈膝

起始姿势 俯卧撑姿势，手掌撑在地面上以支撑上半身，胫骨放在瑞士球顶部。

动作 客户将膝盖向胸部靠拢，使瑞士球向前滚动。在缩拢动作结束时，客户的脚趾应放在瑞士球顶部。客户保持此姿势5秒，然后伸展腿，滚动瑞士球，使其远离身体，回到起始姿势。

瑞士球卷腹

起始姿势 躺在垫子上，双脚放在瑞士球上。髋部与躯干在一条直线上，膝关节屈曲约90°。

动作 客户以与传统卷腹类似的方式做卷腹动作。

71

瑞士球抬腿

起始姿势 仰卧在垫子上，用双脚夹住瑞士球。

动作 客户将腿伸直抬高，髋关节屈曲约90°，同时保持下背部贴在垫子上。保持此姿势5 ~ 10秒，然后将瑞士球放到垫子上。

重点提示 许多客户无法将髋关节屈曲约90°，您应允许这些客户尽可能地屈曲髋关节，同时保持下背部贴在垫子上。

脚撑瑞士球平板旋转

起始姿势 平板支撑式姿势，手掌平放在地板上（在肩膀正下方）以支撑上半身，双脚放在瑞士球顶部。

动作 客户朝一侧旋转，使该侧髋关节朝天花板移动，并在动作末端保持2 ~ 3秒；然后回到起始姿势并更换旋转方向。客户应该在每一侧根据需要进行重复。

瑞士球卧推

起始姿势　仰卧在瑞士球上，髋部和大腿与躯干在一条直线上，膝关节屈曲约90°，双脚平放在地上。

动作　助手将哑铃递给客户，时刻保护客户使用哑铃时的安全。客户慢慢放下手臂，让手肘屈曲约90°。客户拿着哑铃进行卧推。动作过程中保持脊柱处于中立位，并根据需要进行重复。

常见错误　客户无法保持脊柱处于中立位（这可能表明负荷过大）。

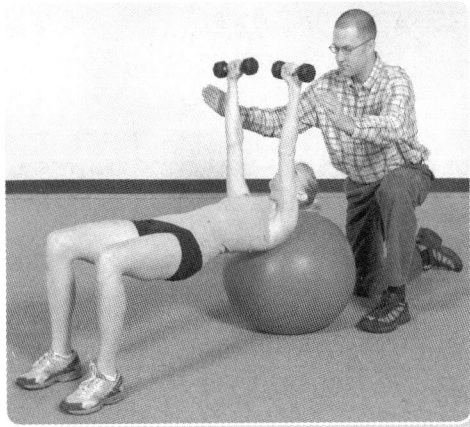

瑞士球肩上推举

起始姿势　坐在瑞士球上，髋关节和膝关节屈曲约90°。

动作　客户进行肩上推举，同时保持脊柱处于中立位。

常见错误　在推举期间客户无法保持脊柱处于中立位（这可能表示负荷过大）。

高级核心耐力练习

此部分中的练习一般适用于运动员、运动表现专家和高水平客户。

侧卧双侧抬腿

起始姿势 侧卧，两腿伸直。

动作 客户将双腿抬离垫子2～4英寸（约5～10厘米），保持此姿势5～10秒。然后，将双腿下放至起始位置，并根据需要重复此动作。

下一步练习 如果客户无法出色地完成此练习，您可以让他进行双侧折刀屈体练习。做双侧折刀屈体练习时，客户应同时抬起腿和躯干（上半身），并保持姿势5～10秒，然后回到起始姿势。客户应在每侧根据需要重复此动作。

瑞士球折刀屈体

起始姿势 平板支撑姿势，双手和前臂处于中立位，以支撑上半身。胫骨放在瑞士球上以支撑下肢。

动作 客户使用双腿将瑞士球滚向躯体，同时朝向天花板抬高髋关节。保持此姿势5～10秒，然后回到起始姿势，并根据需要重复此动作。

燕式平衡

燕式平衡练习可以解决腘绳肌紧缩的问题，增强核心稳定性和身体平衡性。

起始姿势　一条腿站立支撑，另一条腿抬起保持平衡，膝关节完全伸展，同时保持最佳姿态。

动作　客户屈曲支撑侧髋关节（而不是腰），同时保持脊柱直立（处于中立位）。客户的手臂应向两侧伸展以帮助保持平衡。在前倾时，客户的腘绳肌会有拉伸感。

常见错误　腘绳肌严重紧绷的客户往往会通过弯曲或旋转腰背部来帮助完成动作。

悬挂扭转提膝

起始姿势　双手反握住引体向上拉杆或深蹲架的顶部。

动作　客户将双膝抬向右肩，直到大腿与地面平行或抬至更高为止。保持此姿势 1 ~ 2 秒，然后放下双腿。在另一侧重复此动作。

俯卧平板转体

起始姿势 双脚放在训练椅上，双手分开与肩同宽，支撑在地板上。

动作 客户将一侧膝盖提至腰部，并将躯干旋转向另一侧，保持此姿势5秒。然后，换腿，在另一侧重复此动作。

两头起

起始姿势 平躺，双腿伸直，双臂伸直举过头顶。

动作 客户同时抬起躯干和腿，整个人形成V形。到达动作顶部时，双手应触及双脚。然后，回到起始姿势，并根据需要进行重复。

侧桥-髋关节外展

起始姿势 与侧桥（侧平板支撑）（见第66页）一样。

动作 客户外展上方的腿，将它抬至距下方的腿6～8英寸（约15～20厘米）。保持此姿势5秒，并根据需要进行重复。

变化动作 客户可以屈曲髋关节代替外展腿。当客户处于侧桥姿势时，您可以告诉他屈曲髋关节，将膝盖抬向胸部。当客户的髋关节和膝关节都屈曲约90°时，保持此姿势5秒，并根据需要进行重复。

侧桥－肩关节外旋

起始姿势 与侧桥（侧平板支撑）（见第66页）一样。

动作 客户在上方的肘部和躯干之间放一条毛巾（将毛巾放在这里可帮助肩关节保持最佳训练姿势，提醒客户将肘关节放在身侧）。客户上方的手握住一个轻型哑铃，上方的肩关节外展约90°，肘关节屈曲约90°，进行肩关节外旋练习。另一侧练习要点相同。

三点式平板支撑－上肢运动

起始姿势 三点式平板支撑姿势，客户使用双脚和一侧手来支撑身体。

动作 客户使用自由手握住哑铃并进行上肢运动。此运动可以是肩关节屈曲、肩关节水平外展、肩部划船或肩关节伸展运动。另一侧练习要点相同。

罗马椅练习

起始姿势 固定在罗马椅上。客户的双脚应在支撑物下面，并且您应调整椅子以让客户的腰部完全向前弯曲。

动作 客户抬高躯干，从屈曲位变为中立位。

康复客户的注意事项 客户在移动到顶部时通常无须过度伸展脊柱，并且有腰椎滑脱症状或患有退行性关节炎的客户禁止过度伸展脊柱。您还必须权衡让有椎间盘疼痛史的客户进行此练习的风险。

罗马椅转体

起始姿势 与罗马椅练习一致。

动作 在抬起至中立位时，客户向一侧转体（旋转躯干），然后回到起始姿势，再向另一侧转体。

俄罗斯转体

起始姿势　固定在罗马椅上。

动作　客户在将躯干和手臂缓慢旋转至一侧时保持收缩腹肌，并保持姿势5秒，然后回到起始姿势，在另一侧重复此动作。

变化动作　要增加此练习的难度，客户可手持药球并伸直双臂。

瑞士球俄罗斯转体

起始姿势　仰卧在瑞士球上。髋关节处于中立位，膝关节屈曲约90°，双脚平放在地上。

动作　客户将双手掌心相对，叠放在胸前，随后伸直手臂。然后，将手臂旋转至一侧，保持此姿势1～2秒后回到起始姿势。客户应该在两侧交替执行此练习。

增强核心力量

　　上一部分介绍的练习是传统上为客户设计的练习，用于增强核心耐力，这些练习可以满足大多数客户的功能稳定性需求。但是，对于运动员、体力劳动者和高级健身客户来说，增加针对核心肌肉的强化练习是必要的。这些客户不仅必须能够稳定脊柱，还必须有足够的力量来执行功能性运动。例如，整天搬运沉重的箱子的劳动者不仅必须能够收缩腹肌来稳定脊柱，还必须能够利用正确的肌肉来生成抬起重物所需的力量。

核心力量练习

杠铃/哑铃深蹲

起始姿势　双脚分开站立，与肩同宽。使用杠铃深蹲时，客户应双手握住杠铃，并将杠铃放在斜方肌或斜方肌和三角肌上。而在使用哑铃时，重量应放在身体两侧；并且如果使用的是杠铃，那么助手应协助客户。

动作　客户屈曲髋关节和膝关节以降低身体重心。动作应该从向后移动髋关节开始。注意膝盖始终不能超过脚尖。客户深蹲至髋关节和膝关节齐平，此时大腿与地面平行。然后，客户通过伸展髋关节和膝关节来返回起始姿势。在深蹲期间，客户必须保持脊柱处于中立位。

康复和健身客户的注意事项　客户如果有颈部或上背部问题，则可以进行前蹲，使用胸肌和前部三角肌支撑杠铃。

罗马尼亚硬拉

罗马尼亚硬拉能强化腘绳肌，并增强客户稳定躯干的能力。

起始姿势　双脚分开站立，与髋部同宽；双手各握一个哑铃（或同握一个杠铃），双手间距略比肩宽。膝关节稍微屈曲，脊柱处于中立位。

动作　客户将杠铃朝向地板放下，方法是向后移动髋部，直到腘绳肌有拉伸感为止。注意此过程中脊柱不应该屈曲。收缩腘绳肌，将哑铃或杠铃拉回起始位置，回到起始姿势。

引体向上

引体向上用于增强客户的背部力量和核心稳定性。

与滑轮下拉一样，客户可采用多种技术进行引体向上。

起始姿势　俯身使用前臂正握住引体向上拉杆。您还可能想让客户使用其他握法，例如反握。

动作　客户吸气，同时将身体拉向拉杆；然后慢慢放下身体，回到起始姿势。

滑轮下拉

起始姿势　坐姿，正对绳索拉力器，两手以宽握距正握握杆。

动作　客户将握杆拉向胸部，同时将肩胛骨收缩在一起并朝下背部挤压。

康复和健身客户的注意事项　一些人主张在颈后而不是胸前拉拉杆。客户在进行此练习时要小心，尤其是有肩部问题或肩关节不稳定史的客户。

坐姿划船

起始姿势　坐姿，正对绳索拉力器，双手握住握杆或手柄，保持脊柱处于中立位。

动作　客户将握杆或手柄拉向腹部，向下背部收缩肩胛骨，上臂顺势向后拉，使上臂与身体在一条直线上。

绳索对角线练习

起始姿势　站立于绳索接力器前，握住握杆或手柄，使其高于或低于滑轮机。

动作　客户在身前以从低到高或从高到低的方向做对角线运动，也可以使用弹力带做此项练习。

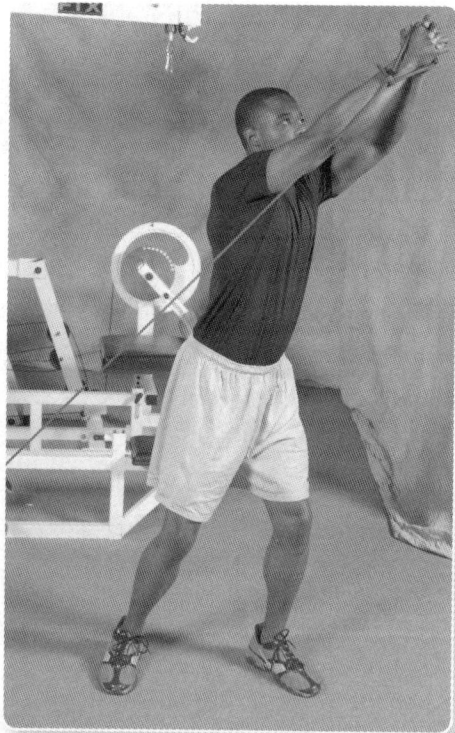

弓步

此练习可以强化下肢并增强客户的核心稳定性。

起始姿势　双脚分开站立，与肩同宽。

动作　客户向前迈步（弓步），屈曲髋关节和膝关节。前侧的膝盖应与髋部呈一条直线，并且前侧大腿应与地面平行（或几乎平行）。将身体向地板方向下降，降至后侧膝盖快接触地面的高度。然后，回到起始姿势，换另一侧重复此动作。

重点提示　提醒客户保持理想的骨盆和下背部姿态，并观察整个运动链以了解技术错误。

变化动作　客户可以通过在两侧交替迈弓步前进来做弓步前进练习。

弓步转体

起始姿势　与弓步一样。

动作　双手抱拳置于腹部，做弓步时，客户将躯干向后侧的腿旋转。然后，返回起始姿势并在另一侧重复此动作。

变化动作　客户可以使用棍子来帮助自己保持平衡。

后撤步弓步

起始姿势　与弓步一样。

动作　客户执行弓步的方式与传统的弓步完全一样，只是后侧的腿要向后迈步。

变化动作　客户可以将后侧的腿放在瑞士球上做此练习，这需要客户伸展髋关节并向后滚动瑞士球。

侧向弓步

起始姿势　双脚分开站立，与肩同宽。

动作　客户向侧方迈步（弓步），同时保持脚尖向前。做侧向弓步时，客户应向地面深蹲。在整个练习期间，支撑腿是被动外展的。此外，在整个练习中，客户应保持脊柱处于中立位。

弓步持球转体

起始姿势　客户和搭档并排站立，最多相距3英尺（约91厘米），面向同一方向。

动作　客户和搭档同时做弓步前进练习。在迈步时，拿球的搭档转向客户，并将球交给客户。继续运动，两人交替传球。

变化动作　客户也可以在没有搭档的情况下执行弓步持球转体练习。此时，起始姿势是将球拿在身前，客户在迈步时，持球向一侧转体。

多方向弓步

唐·楚（Don Chu）是体育训练和康复领域的专家、体育锻炼博士。他被认为是快速伸缩复合训练的主要推动者，促进了这种形式的训练在美国的普及（Chu and Cordier，2000）。楚博士宣传了一种为运动员制订的弓步练习序列。此序列包含4个弓步练习，由向前弓步、后撤步弓步、侧向弓步和斜向弓步组成。楚博士建议运动员每个练习在两侧各重复10次，总计80次。

小结

本章介绍的一系列训练特定核心肌肉的练习（见表6.2）旨在增强客户的核心耐力和力量。您应记得在制订核心训练计划时考虑客户的健身水平。无法制订恰当的练习将限制核心训练计划的有效性，并且可能会导致客户受伤。从身体评估和功能性测试结果中收集的数据有助于您选择练习。如果不能确定客户的健身水平，您应该建议客户从基本水平的练习开始，一旦客户掌握了这些练习，就可以进行下一步练习了。

表6.2　训练特定核心肌肉的练习

肌肉	基本核心耐力练习	中等核心耐力练习	高级核心耐力练习	核心力量练习
斜方肌	直臂下拉	1. 四点支撑单手单膝跪姿 2. 前平板支撑-单手伸/单腿伸 3. 前平板支撑-对侧手腿伸展	悬挂扭转提膝	1. 引体向上 2. 坐姿划船
背阔肌	直臂下拉	不适用	悬挂扭转提膝	滑轮下拉
竖脊肌	1. 寻找脊柱中立位 2. 俯身屈髋单手双膝跪姿 3. 俯身屈髋双手单膝跪姿 4. 直臂下拉 5. 倚墙支撑 6. 绳索侧跨步	1. 四点支撑单手单膝跪姿 2. 单腿军步臀桥 3. 单腿直膝臀桥 4. 前平板支撑 5. 前平板支撑-单手伸/单腿伸 6. 前平板支撑-对侧手腿伸展 7. 瑞士球臀桥	1. 俯卧平板转体 2. 三点式平板支撑-上肢运动 3. 罗马椅练习 4. 罗马椅转体 5. 俄罗斯转体 6. 瑞士球俄罗斯转体	1. 罗马尼亚硬拉 2. 绳索对角线练习
横向脊椎肌群	1. 直臂下拉 2. 倚墙支撑 3. 绳索侧跨步	1. 四点支撑单手单膝跪姿 2. 单腿军步臀桥 3. 单腿直膝臀桥 4. 前平板支撑 5. 前平板支撑-单手伸/单腿伸 6. 前平板支撑-对侧手腿伸展 7. 瑞士球臀桥	1. 俯卧平板转体 2. 三点式平板支撑-上肢运动 3. 罗马椅练习 4. 罗马椅转体 5. 俄罗斯转体 6. 瑞士球俄罗斯转体	1. 罗马尼亚硬拉 2. 绳索对角线练习
腹直肌	1. 卷腹 2. 前平板支撑或俯卧平板支撑	1. 侧桥（侧平板支撑） 2. 前平板支撑 3. 前平板支撑-单手伸/单腿伸 4. 前平板支撑-对侧手腿伸展 5. 反向卷腹 6. 脚撑瑞士球平板屈膝	1. 侧卧双侧抬腿 2. 瑞士球折刀屈体 3. 悬挂扭转提膝 4. 俯卧平板转体 5. 两头起 6. 罗马椅转体 7. 俄罗斯转体	不适用
腹横肌	侧桥的基础（初学者）版本	侧桥（侧平板支撑）	1. 侧卧双侧抬腿 2. 瑞士球折刀屈体 3. 悬挂扭转提膝 4. 俯卧平板转体 5. 两头起 6. 罗马椅转体 7. 俄罗斯转体	不适用

续表

肌肉	基本核心耐力练习	中等核心耐力练习	高级核心耐力练习	核心力量练习
腹外斜肌	1. 卷腹 2. 前平板支撑或俯卧平板支撑	1. 前平板支撑 2. 前平板支撑－单手伸/单腿伸 3. 前平板支撑－对侧手腿伸展 4. 脚撑瑞士球平板旋转 5. 瑞士球卷腹	1. 侧卧双侧抬腿 2. 瑞士球折刀屈体 3. 悬挂扭转提膝 4. 俯卧平板转体 5. 两头起 6. 罗马椅转体 7. 俄罗斯转体	不适用
腹内斜肌	1. 卷腹 2. 前平板支撑或俯卧平板支撑	1. 前平板支撑 2. 前平板支撑－单手伸/单腿伸 3. 前平板支撑－对侧手腿伸展 4. 脚撑瑞士球平板旋转 5. 瑞士球卷腹	1. 侧卧双侧抬腿 2. 瑞士球折刀屈体 3. 悬挂扭转提膝 4. 俯卧平板转体 5. 两头起 6. 罗马椅转体 7. 俄罗斯转体	不适用
髋屈肌（髂肌和腰大肌）	不适用	脚撑瑞士球平板屈膝	1. 侧卧双侧抬腿 2. 悬挂扭转提膝 3. 两头起 4. 侧桥－髋关节外展	不适用
臀大肌	1. 俯卧伸髋 2. 臀桥	1. 单腿军步臀桥 2. 单腿直膝臀桥 3. 前平板支撑－单手伸/单腿伸 4. 前平板支撑－对侧手腿伸展	燕式平衡	杠铃/哑铃深蹲
臀中肌	1. 蚌式练习 2. 侧卧直腿抬高	1. 侧桥（侧平板支撑） 2. 瑞士球抬腿	1. 侧卧双侧抬腿 2. 侧桥－髋关节外展 3. 侧桥－肩关节外旋	1. 杠铃/哑铃深蹲 2. 弓步
臀小肌	1. 蚌式练习 2. 侧卧直腿抬高	1. 侧桥（侧平板支撑） 2. 瑞士球抬腿	1. 侧卧双侧抬腿 2. 侧桥－髋关节外展 3. 侧桥－肩关节外旋	1. 杠铃/哑铃深蹲 2. 弓步

续表

肌肉	基本核心耐力练习	中等核心耐力练习	高级核心耐力练习	核心力量练习
阔筋膜张肌	1. 蚌式练习 2. 侧卧直腿抬高	侧桥（侧平板支撑）	1. 侧卧双侧抬腿 2. 侧桥 – 髋关节外展 3. 侧桥 – 肩关节外旋 4. 侧桥 – 髋关节外展 5. 弓步	杠铃/哑铃深蹲
梨状肌	蚌式练习	脚撑瑞士球平板旋转	不适用	不适用
髋外旋肌	1. 蚌式练习 2. 侧卧直腿抬高	1. 站姿躯干旋转传球 2. 站姿高低躯干旋转传球 3. 脚撑瑞士球平板旋转	俯卧平板转体	不适用
髋内旋肌	侧卧直腿抬高	脚撑瑞士球平板旋转	俯卧平板转体	不适用

第7章
核心柔韧性

人们需要一定程度的柔韧性才能完成自身工作和其他日常活动。例如，搬家工人需要足够的髋关节、膝关节和踝关节柔韧性（以及稳定脊柱的能力），这样才能在抬家具时安全地蹲下。如果搬家工人的任何一个关节的柔韧性不足，那么在搬抬物体时人体力学状况就会很糟糕，这可能会增加此关节或邻近关节受伤的风险。高尔夫球手如果缺乏核心柔韧性，在向后挥杆时就无法有效地旋转躯干。这种柔韧性的缺乏会使高尔夫球手在下摆期间无法最大限度地提高杆头速度。

您应该给那些缺乏柔韧性的客户制订拉伸训练。拉伸训练的其他好处还包括易于放松、减轻压力、减少肌肉紧张，以及保持或改善体态。拉伸还可以减轻腰痛，缓解肌肉痉挛和肌肉酸痛的症状，并且有助于防止受伤（Alter，2004）。

为健身客户、运动员或患者制订的训练计划应包含拉伸训练。您可以为他们推荐各种拉伸技巧，最关键的是为每一个客户选择最适合他的拉伸技巧。选择拉伸计划的练习时，您必须考虑到此拉伸计划的目标，举例如下。

- 增强柔韧性？
- 提升运动表现？
- 降低受伤风险？
- 有利于患者的伤后康复？

与柔韧性相关的科学理论处于不断发展之中，今天我们认为是正确的理论到明天可能就是错误的。因此，我们必须紧跟研究文献给出的最新结论和研究人员取得的最新进展。

本章的目的是概述拉伸方法，介绍制订计划的循证方法，并提供大量能解决核心柔韧性问题的柔韧性练习和计划示例。

什么是柔韧性？

任何关于柔韧性的讨论都应该从术语综述开始。健身专家应该知道术语关节活动度（ROM）与柔韧性的意思，了解拉伸方式，并了解与为客户制订拉伸计划相关的适应证和禁忌证。

ROM指一个关节的有效活动范围。医学专业人员通常用一种名为测角器的工具来测量ROM。健身专家通常通过观察功能性运动模式和实践评估来确定客户的ROM。ROM通常分为以下两种：主动关节活动度（AROM）和被动关节活动度（PROM）。

柔韧性指一个人通过有效的ROM所达到的活动能力。柔韧性被分为两大类：静态柔韧性与动态柔韧性（Holcomb，2000；Jeffreys，2008）。静态柔韧性是指在没有任何肌肉收缩的情况下关节所显示出的活动度。因此，康复专家通常把静态柔韧性称为PROM。动态柔韧性是客户进行任何主动活动时关节所显示的活动度。这种柔韧性也被称为AROM，它需要肌肉活动。动态柔韧性小于静态柔韧性的情况很常见。

有些人可能会展现出异常或超乎寻常的ROM。评估客户的身体功能时，您可以确定客户是过度灵活（过度运动）还是ROM不足（受限运动）。过度灵活是指关节的活动度超过了可接受的正常值（Alter，2004）。例如，伸膝的正常活动度是0°，但许多女性表现出了10°～20°的膝关节过伸。使用Beighton得分可以帮助鉴别过度灵活的客户（Boyle et al.，2003）。如果在以下测试中，客户的得分在5分以上（总分是9分），您就可以认为该客户是过度灵活的。

- 在保持膝盖挺直的情况下，客户能弯腰并将双手平放在地板上，得1分。
- 一个膝关节能过度伸展，得1分。
- 一个肘关节可以过度伸展并越过身体中线，得1分。
- 一个拇指能够向后弯曲至触到前臂，得1分。
- 一个小拇指能够向后弯曲90°，得1分。

与关节过度伸展不同，关节松弛是指由于支撑韧带过度拉伸或受伤而导致关节过度运动或活动。膝关节韧带松弛（例如可能是由于前交叉韧带撕裂引起的）可能会造成膝关节不稳定，尤其是在周围肌肉不能充分提供后援支撑和稳定性时。过度灵活的客户也可以表现出正常功能，但是关节松弛的客户通常表现为功能受损，最终可能需要接受医疗护理。

一个关节或一组关节的活动度不足可能会限制一些功能性动作。许多客户的腰椎活动度不足。尽管某一区域的ROM不足可能不会阻碍客户执行某些功能性动作，但是它会导致次优运动模式，而次优模式通常导致客户进行运动代偿。例如，一个人在下蹲时，如果他的臀部力量不足，可能会使脊柱过度弯曲。如果在一段时间内重复该不良的运动模式，那么这个人的关节损伤风险会大大增加。

拉伸方式分类

4种主要拉伸方式分别是静态、动态拉伸、弹震式拉伸和本体感神经肌肉易化法（PNF）拉伸。所有这些技术都可以增强客户的柔韧性；但是，健身专家必须了解何时使用特定的拉伸方式。本部分提供了每种拉伸方式的描述和图解，以及一些医学建议和潜在的禁忌证。

静态拉伸

静态拉伸是指缓慢、有控制地拉伸一块或一组肌肉，并维持一段时间的拉伸方式（Holcomb，2000；Woods et al.，2007；Jeffreys，2008）。要正确执行静态拉伸，客户应该拉伸到一个拉伸感强烈且令人舒适（或者肌张力增加）的位置，并且应该没有任何疼痛感。

静态拉伸已经被发现可以增强静态柔韧性和提高ROM，因此可能有利于健康客户和受伤客户（Alter，2004）。静态拉伸训练可以帮助促进放松，减轻客户压力，减少肌肉酸痛，并改善柔韧性。静态拉伸随时随地都可以进行，通常不需要其他人员和器械辅助。

为了达到增强柔韧性和提高ROM的目的，静态拉伸应持续多长时间？每次拉伸需要重复多少次？何时最适合做静态拉伸？

研究文献对比了不同的静态拉伸时间所导致的柔韧性变化（例如15秒与30秒相比、5秒与60秒相比等）。一般说来，静态拉伸应最少保持30秒（Decoster et al.，2005；Bandy et al.，1994）。文献中缺少与每个人在每个训练项目期间每个肌群应重复拉伸多少次相关的研究。来自各种专业人士的临床经验表明，客户为了达到增强柔韧性的目的，应该每天进行至少一次或多次目标肌肉和肌群的拉伸练习。客户必须定期进行这些练习才能收到较好的效果。客户可能需要练习几周才能感觉到柔韧性有所增强。

静态拉伸练习应在客户的抗阻训练计划最后实施，或者作为单独拉伸训练的一部分。

一些力量教练和体能训练师会让他们的运动员在进行训练或比赛之前进行静态拉伸。将静态拉伸作为热身计划的一部分的理论依据是，静态拉伸可以让肌肉为比赛做好准备，并有助于降低受伤风险（Alter，2004）。那些反对运动员在训练或比赛前进行静态拉伸的人则声称静态拉伸不能够复制运动所需的动态动作。近期的一些研究也对是否在比赛前进行静态拉伸有争议

（Stone et al., 2006；Yamaguchi et al., 2006）。例如，研究人员发现进行静态拉伸后立即进行跳跃实际上会降低纵跳成绩（Bradley et al., 2007）。

静态拉伸在临床康复环境中很有用。在损伤的急性（在刚刚受伤之后）或亚急性期，静态拉伸可以使患者安全地提高ROM，而主动拉伸则可能会加剧损伤。让患者进行静态拉伸还可以减轻肌肉酸痛、减少疼痛并帮助放松。

表7.1显示了静态拉伸的适应证、禁忌证和训练量，在表7.1的下方则展示了一个核心静态拉伸计划示例。

表7.1 静态拉伸的适应证、禁忌证和训练量

适应证	禁忌证	建议的重复次数	持续时间
增强柔韧性、减轻肌肉酸痛、减少疼痛并帮助放松	不适合运动的情况（例如特定的医疗条件、手术或骨折），拉伸后疼痛加剧的情况，拉伸后即刻进行运动或训练时	一次或多次重复（临床示例建议每块肌肉或每个肌群至少重复2次）	保持30秒

核心静态拉伸计划示例

重复次数： 每次拉伸重复2次。

持续时间： 每次拉伸保持30秒。

休息时间： 每次重复之间休息10 ~ 20秒。

仰卧位
- 膝盖到胸部伸展
- 腘绳肌拉伸
- 梨状肌（和髋部深层外旋肌）拉伸

跪姿
- 髋屈肌拉伸

俯卧位
- 眼镜蛇式
- 祈祷式牵伸

动态拉伸

动态拉伸包含了一些专项运动动作以便增强功能柔韧性。一些人将动态拉伸视为一种弹震式拉伸，因为两种拉伸方式都涉及运动动作（Alter, 2004；Woods et al., 2007）。但是，动态拉伸不包括弹震式拉伸特有的一些跳跃或摆动动作。相反，动态拉伸强调一些专项运动动作模式（Holcomb, 2000；Jeffreys, 2008）。一些动态拉伸练习包括弓步走、反向弓步走和高抬腿踏步。

越来越多的证据支持在运动或训练前使用动态拉伸让运动员和客户进行热身（Hendrick, 2000；Little and Williams, 2006；Faigenbaum et al., 2005；Yamaguchi et al., 2006；Hewett et al., 1999）。表7.2显示了动态拉伸的适应证、禁忌证和训练

量，在表7.2的下方则展示了一个动态拉伸计划示例。

表7.2　动态拉伸的适应证、禁忌证和训练量

适应证	禁忌证	建议的重复次数	持续时间
增强功能柔韧性，让客户或运动员在训练和运动前做好生理准备	不适合进行主动活动时（如特定的医疗条件、手术、骨折）	6～7次	每个动态拉伸动作应持续1～2分钟，总共进行10分钟或更长时间的练习

动态拉伸计划示例

　　动态拉伸计划应由让客户或运动员为更激烈的练习或运动做好准备的生理活动组成。您应该选择那些精确复制客户的功能性或专项运动动作模式的练习。下方展示了一个篮球运动员的动态拉伸计划示例。

篮球运动员的动态拉伸计划示例

首先围着篮球场慢跑5圈。

然后进行以下每种动态活动，距离为1或2个篮球场的宽度。整个计划应持续10分钟左右。

交替踢腿后群拉伸	侧弓步走
弓步走	脚跟行走
反向弓步走	脚尖行走

弹震式拉伸

　　弹震式拉伸包含了跳跃或摆动等主动运动。弹震式拉伸和静态拉伸的区别在于不需要保持结束姿势至一定时间（Holcomb，2000；Alter，2004；Jeffreys，2008）。弹震式拉伸主要被用作运动员的热身运动或让运动员为运动做好准备（Bradley et al.，2007）。向前朝向地板弯曲，然后连续跳跃以增强腘绳肌的柔韧性，就是一个经典的弹震式拉伸练习。

　　弹震式拉伸的支持者认为它有助于增强动态柔韧性（Alter，2004；Woolstenhulme et al.，2006）。许多人拒绝使用弹震式拉伸是因为有受伤风险。弹震式拉伸是否具有危险性？许多健身专家根据他们所训练和治疗的特定客户和患者群体质疑这种拉伸方式的潜在效果。但是，并没有研究表明弹震式拉伸可能会对客户造成伤害。相反，一些研究表明，在一些情况下，弹震式拉伸与其他拉伸方式一样有效（或效果更好）（Beedle and Mann，2007；Bradley et al.，2007）。运动员或客户如果以前受过伤，而进行弹震式拉伸可能会使伤情加重，则必须谨慎使用此类拉伸方式。例如，一个由腰椎损伤引起

腰痛的运动员，在进行弹震式脚趾触摸运动时，其再次受伤的风险可能会增大。表7.3列举了弹震式拉伸的适应证、禁忌证和训练量。

表7.3　弹震式拉伸的适应证、禁忌证和训练量

适应证	禁忌证	建议的重复次数	持续时间
在运动或练习前热身	康复客户；之前患有椎间盘突出、复发性腰痛病史的客户，或者是最近有肌肉拉伤的客户	30秒内进行15次弹震式拉伸（Beedle and Mann，2007）	每个肌群进行30秒一组的弹震式拉伸（Beedle and Mann，2007）

本体感神经肌肉易化法（PNF）拉伸

客户要进PNF拉伸需要搭档的帮助。此拉伸包括被动运动和主动肌肉活动（Alter，2004；Holcomb，2000）。使用PNF拉伸的好处是柔韧性可以立即提升。PNF拉伸在永久提升柔韧性方面的效果还不太清楚。表7.4列出了PNF拉伸的适应证、禁忌证和训练量。大多数PNF拉伸都需要一个搭档来协助完成。这样就限制了PNF拉伸的应用。主要的PNF拉伸包括静力−放松、主动肌收缩、收缩放松以及静力−放松结合主动肌收缩。下文提供了每种PNF拉伸的示例。PNF拉伸可应用于全身的每一块肌肉或肌群，在下列示例中则以腘绳肌为例进行说明。

表7.4　PNF拉伸的适应证、禁忌证和训练量

适应证	禁忌证	建议的重复次数	持续时间
在运动或练习前热身，以及健身和康复客户需要增强柔韧性	不适合运动的情况	每块肌肉或每个肌群重复2～4次	参见下文4种PNF拉伸的具体持续时间

静力−放松

开始时，您应让客户仰卧在地板或垫子上。接下来，被动拉伸客户的腘绳肌，直到客户感觉到强烈的拉伸感为止。此初始拉伸姿势应保持10秒。然后，让客户等长收缩腘绳肌并保持10秒，同时在相反的方向施加与之相等的力。让客户放松收缩，随后立即被动拉伸客户的肌肉，使其超过初始拉伸位置。保持拉伸30秒。每块肌肉或每个肌群重复拉伸2～4次。

主动肌收缩

开始时，您应让客户仰卧在地板或垫子上。接下来，被动拉伸客户的腘绳肌，并保持10秒。保持10秒后，告诉客户收缩主动肌肌群（在本例中是髋屈肌），并向客户的髋屈肌施加阻力，并保持6～10秒。等长髋关节屈曲后，

再次被动屈曲客户的髋关节（同时让客户保持膝关节伸直），以便拉伸腘绳肌。保持拉伸30秒。每块肌肉或每个肌群进行2～4次主动肌收缩。

收缩放松

开始时，您应让客户仰卧在地板或垫子上。接下来，被动拉伸客户的腘绳肌，直到客户感觉到强烈的拉伸感为止。保持此姿势10秒。告诉客户收缩腘绳肌，让其尽力在整个活动范围内伸展髋关节，同时对客户髋关节的伸展施加一些阻力。髋关节伸展结束后，立即被动拉伸客户的腘绳肌，并使其超过初始拉伸位置。保持拉伸30秒。每块肌肉或每个肌群重复拉伸2～4次。

静力－放松结合主动肌收缩

客户完成10秒的腘绳肌等长收缩后，应立即放松腘绳肌。然后，客户立即主动屈曲髋关节（主动肌收缩）来对抗阻力。6～10秒后，客户应放松所有肌群，再进一步拉伸腘绳肌。重复拉伸2～4次，以最大限度地提升肌肉的柔韧性。

在拉伸中使用泡沫轴

运动医学诊所和体能训练中心的一个流行运动趋势是在柔韧性练习中使用泡沫轴。与泡沫轴结合使用的拉伸方式称为自我筋膜放松拉伸（SMFR）（Clark and Russell，2002）。SMFR的支持者声称它有助于减轻软组织疼痛，改善主动肌与拮抗肌之间的肌肉平衡并增强功能。这种技术被认为可以通过寻找"热点"来增强软组织的延伸性（定义得不是很好，"热点"极有可能是在肌肉中的扳机点，参见第2章），并通过直接施加压力来"释放"这些区域增强的敏感性（Kaltenborn，2006）。建议客户对"热点"施加压力后，进行反射性肌肉放松。

对于许多客户来说，用泡沫轴进行拉伸是一种全新的体验。制订使用泡沫轴的拉伸计划时，对于每个拉伸姿势，除了口头指示外，您很有可能需要进行肢体演示。教客户如何使用泡沫轴进行拉伸时，您需牢记以下几点。

- 告诉客户以每秒1英寸（约2.5厘米）的速度移动肌肉或肌群（Clark and Russell，2002；Kaltenborn，2006）。
- 向客户解释在肌肉的某些柔软的区域（"热点"）。
- 找到"热点"以后，告诉客户保持此姿势，在该"热点"上保持30～60秒的压力（Clark and Russell，2002；Kaltenborn，2006）。
- 鼓励客户保持此姿势，即使出现轻度到中度的疼痛也是如此。
- 如果客户难以忍受这种疼痛，告诉客户将压力减轻至能够忍受的程度。

尽管这种拉伸方式已广为人知，但它的实际好处仍然是未知的。现在仍缺少与这种拉伸方式的效力有关的研究文献。相关研究文献还无法确定在增强柔韧性方面，SMFR 是否优于传统的拉伸方式。此外，SMFR 在减轻疼痛方面的短期效果和长期效果还不得而知。SMFR 和运动按摩术的相似之处在于，有大量关于其效力的论调，但支持这些论调的证据并不充分（Barlow et al.，2004；Hopper et al.，2005；Brumitt，2008）。

下面展示了一些用到泡沫轴的技术。您如果选择在客户的训练计划中使用泡沫轴，也可以结合使用其他传统的拉伸方式。

拉伸

本部分将展示一些核心肌肉的静态拉伸法、动态拉伸法和 PNF 拉伸法（包括适用泡沫轴作为辅助的拉伸方法），并根据肌群对拉伸进行了分类。

腘绳肌拉伸

腘绳肌的静态拉伸法

针对腘绳肌的静态拉伸法很多，力量训练专家应为每一位客户选择最适合的拉伸姿势。

拉伸姿势 1

起始姿势　仰卧，用双手抱住一侧膝关节的后侧。

动作　客户主动屈曲被抱住腿的髋关节至约 90°。保持此姿势，同时伸展（伸直）膝关节，直到感觉该侧腘绳肌有强烈的拉伸感为止。

变化动作　客户如果无法用双手抱住一侧膝关节的后侧并保持此姿势（由于肥胖或上肢力量薄弱等），则可以使用一条毛巾或弹力带进行辅助。

拉伸姿势 2

起始姿势 仰卧在门边。

动作 客户将一只脚放在门框上。在保持该侧膝关节伸展的同时，将他的身体靠近门。一旦他感觉到该侧腘绳肌有强烈的拉伸感，就保持此拉伸姿势。

拉伸姿势 3

起始姿势 坐姿，一条腿或两条腿同时伸直。

动作 客户在保持脊柱处于中立位的同时，屈曲髋关节（许多客户倾向于弯曲胸椎和腰椎），用手触摸脚趾。当感觉到腘绳肌有强烈的拉伸感时，保持此姿势。

拉伸姿势 4

起始姿势 站姿，并将一只脚向前迈一小步。

动作 客户通过屈曲髋关节向前俯身（就好像试图要用手触摸脚趾一样）。当感觉到腘绳肌有强烈的拉伸感时，保持此拉伸姿势；并始终保持脊柱处于中立位且膝关节伸直。

腘绳肌的动态拉伸法

进行动态拉伸时，许多肌肉会得到训练。因此，这种拉伸方式能起到在练习或运动前热身的作用。

交替踢腿后群拉伸

起始姿势 站姿，双脚分开与肩同宽。

动作 客户绷直一条腿并向前踢出，并尝试用另一侧的手去触摸踢出的脚。

肌肉 这个动作着重拉伸背阔肌、髋屈肌、臀大肌、臀中肌、股直肌和腘绳肌等。具体地讲，踢出的腿的腘绳肌和臀肌将得到拉伸，同时对侧的背阔肌将得到动态拉伸。

爬步手撑走

起始姿势　将双手和双脚都放在地板上。

动作　客户用手行走，让手远离身体，同时保持双腿伸直，双脚放在地面上。当客户无法再保持此姿势时，双脚再向手的方向移动。在规定的距离内重复以上动作。

肌肉　此动作重点拉伸躯干肌肉、髋伸肌、髋外展肌和腘绳肌。在此动态运动模式中，腰伸肌（竖脊肌）、臀大肌和臀中肌以及腘绳肌都得到了拉伸。

弓步走

起始姿势　站姿，双脚分开与肩同宽。

动作　客户向前伸直手臂并向前迈步，前侧的髋关节和膝关节屈曲。前侧的膝关节应与髋关节和脚位于同一平面，前侧大腿与地面保持平行。身体朝地板方向下沉，直到后膝几乎接触到地面。当客户再次变为站立姿势时，跟进腿向前迈步。弓步走的运动次序是对侧的腿交替向前迈步。客户应持续运动 1 ~ 2 分钟。

肌肉　此动作着重拉伸躯干肌肉、髋部肌肉、股四头肌和腘绳肌。

变化动作　为了锻炼腹肌及增加一些难度，客户可以向与前侧的腿相反的方向转体，或在伸直的手臂上放一个较轻的药球。

反向弓步走

起始姿势　与弓步走一样。

动作　客户的动作和弓步走的动作几乎完全一样，但是当客户再次变为站立姿势时，跟进腿要向后迈出一步。反向弓步走应持续 1 ~ 2 分钟。

肌肉　此动作着重拉伸躯干肌肉、髋部肌肉、股四头肌和腘绳肌。

腘绳肌的 PNF 拉伸法

静力-放松

- 让客户仰卧在地板或垫子上。
- 被动拉伸客户的腘绳肌（该侧膝关节应保持伸直），直到客户感觉到强烈的拉伸感为止。此初始拉伸姿势应保持 10 秒。
- 让客户等长收缩腘绳肌 10 秒，同时您在相反的方向施加与之相等的力。
- 客户放松收缩后，您应该立即被动拉伸客户腘绳肌，使其超过初始拉伸位置。保持拉伸 30 秒。
- 每块肌肉或每个肌群重复拉伸 2 ~ 4 次。

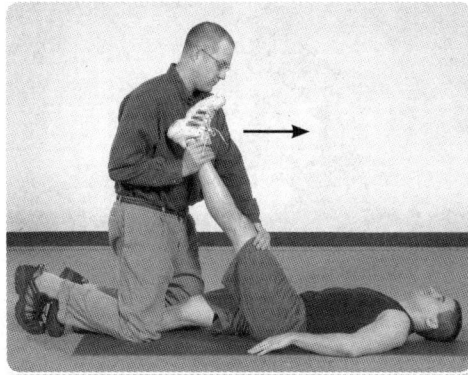

主动肌收缩

- 让客户仰卧在地板或垫子上。
- 被动拉伸客户的腘绳肌，直到客户感觉到强烈的拉伸感为止。保持拉伸 10 秒。
- 保持 10 秒后，告诉客户收缩髋屈肌，而您在其进行髋关节屈曲时施加阻力，并保持 6 ~ 10 秒，如第 2 张照片所示。
- 等长收缩（髋关节屈曲）后，您应再次被动屈曲客户的髋关节，以便拉伸其腘绳肌。保持拉伸 30 秒。
- 每块肌肉或每个肌群重复 2 ~ 4 次主动肌收缩。

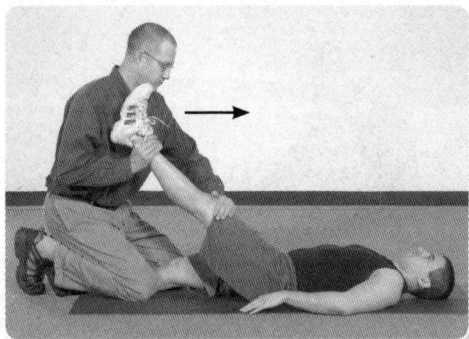

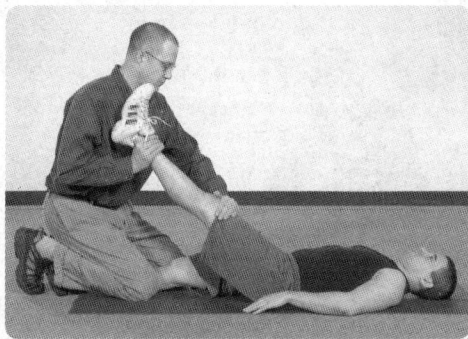

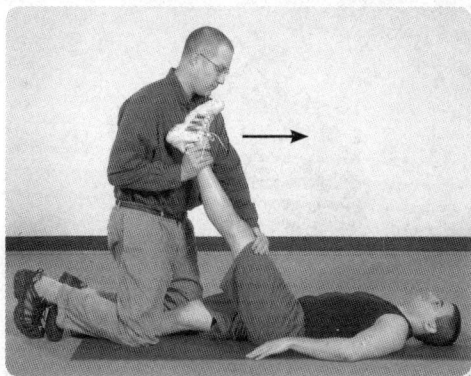

收缩放松

- 让客户仰卧在地板、垫子或治疗床上。
- 被动拉伸客户的腘绳肌，直到客户感觉到强烈的拉伸感为止。保持拉伸 10秒。
- 告诉客户收缩腘绳肌，并尽力在整个活动范围内伸展髋关节，同时您对客户髋关节的伸展施加一些阻力。
- 髋关节伸展结束后，您应立即被动拉伸客户的腘绳肌，使其超过初始拉伸位置。保持拉伸 30 秒。每块肌肉或每个肌群重复拉伸 2 ~ 4 次。

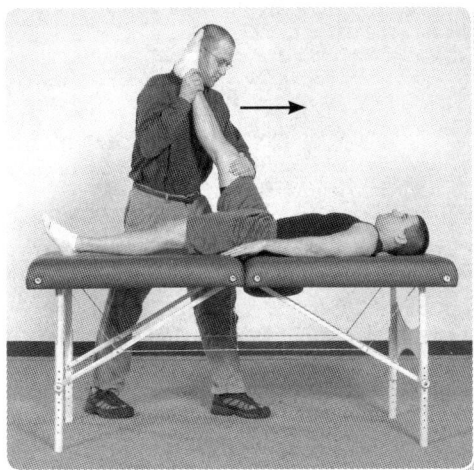

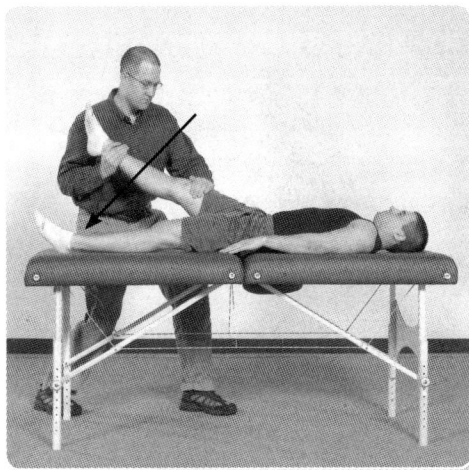

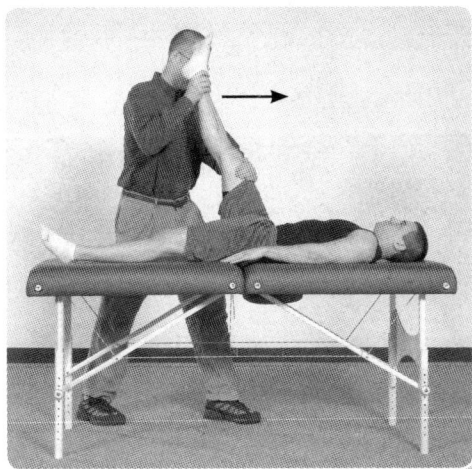

静力-放松结合主动肌收缩

- 让客户仰卧在地板或垫子上。
- 被动拉伸客户的腘绳肌，直到客户感觉到强烈的拉伸感为止。保持拉伸10秒。
- 客户完成10秒的腘绳肌等长收缩后，应放松腘绳肌。然后，立即主动屈曲髋关节（主动肌）来对抗您施加的阻力。
- 6 ～ 10秒后，客户应放松所有肌群，以便您进一步拉伸其腘绳肌。保持拉伸30秒。
- 重复拉伸2 ～ 4次，以最大限度地增强客户腘绳肌的柔韧性。

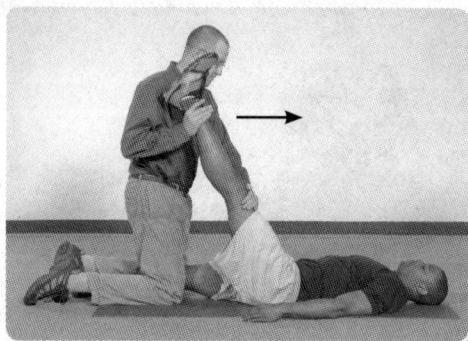 

泡沫轴腘绳肌松解

起始姿势　将一条腿放在泡沫轴上并保持腘绳肌拉伸，然后将另一条腿抬起并交叉放在拉伸腿的上方，并将脚也放在下方的腿上。

动作　客户滚动泡沫轴以按摩整个腘绳肌。

股四头肌拉伸

股四头肌的静态拉伸法

起始姿势　直立，一只手（与下面提到的伸展腿相对的那只手）放在一个稳定的平面来帮助保持平衡。

动作　客户向臀部屈曲一侧膝关节并用该侧手抓住该侧脚。客户将该侧脚后跟拉向臀部，然后保持此姿势。脊柱和髋关节应保持处于中立位，并且两个膝关节保持在同一平面上。

变化动作　客户可以以侧卧位进行此拉伸。客户采取俯卧位时，您可以被动拉伸客户的股四头肌，即抓住客户的脚踝并将之慢慢拉向其臀部。一旦客户感觉到强烈的拉伸感或者您注意到客户的臀部开始离开治疗床时，您就应立即停止动作，并保持此姿势30秒。

股四头肌的动态拉伸法

弓步走（见第98页）
反向弓步走（见第98页）

股四头肌的PNF拉伸法

静力-放松

- 客户俯卧在地板或垫子上。
- 抓住客户的一侧脚踝并被动屈曲客户的膝关节（使该侧脚靠近臀部）。
- 被动拉伸客户的股四头肌，直到客户感觉到强烈的拉伸感为止。此初始拉伸姿势应保持10秒。

- 让客户等长收缩股四头肌10秒，同时您在相反的方向施加与之相等的力。
- 客户放松收缩后，您应立即被动拉伸客户的股四头肌，使其超过初始拉伸位置，将客户的脚拉向臀部。保持拉伸30秒。
- 每块肌肉或每个肌群重复拉伸2～4次。

主动肌收缩

- 客户俯卧在地板或垫子上。
- 被动拉伸客户的股四头肌，直到客户感觉到强烈的拉伸感为止。保持拉伸10秒。
- 保持10秒后，告诉客户收缩腘绳肌，而您向腘绳肌施加阻力，并保持6～10秒。
- 等长收缩腘绳肌后，您应被动屈曲客户的膝关节，以便拉伸其股四头肌。保持拉伸30秒。
- 每块肌肉或每个肌群重复2～4次主动肌收缩。

静力-放松结合主动肌收缩

- 客户俯卧在地板或垫子上。
- 被动拉伸客户的股四头肌，直到客户感觉到强烈的拉伸感为止。保持拉伸10秒。
- 客户完成10秒的股四头肌等长收缩后，应放松股四头肌。然后，客户应立即主动屈曲腘绳肌（主动肌）来对抗阻力。
- 6～10秒后，客户应放松所有肌群，这样您可以进一步拉伸其四头肌。保持拉伸30秒。
- 重复拉伸2～4次，以最大限度地增强客户股四头肌的柔韧性。

泡沫轴股四头肌松解

起始姿势　俯卧位，将股四头肌放在泡沫轴上，并用前臂支撑上身。

动作　客户移动上身，使泡沫轴在整个股四头肌部位滚动。

阔筋膜张肌和髂胫束拉伸

阔筋膜张肌起于骨盆的前上部，并止于髂胫束。髂胫束是阔筋膜张肌和臀大肌共同沿大腿向下形成的肌腱结构。髂胫束附着于腓骨头、髌外侧支持带和胫骨外侧的惹迪氏结节（Paluska，2005；Messier et al.，1995）。此外侧区域疼痛在某些类型的运动员（例如长跑运动员）中是很常见的。对那些训练里程数增加过快或训练不当的人来说，髂胫束摩擦症候群发作是疼痛的主要原因。治疗方案将拉伸髂胫束作为综合康复计划的一个主要部分。以下几组动作着重拉伸阔筋膜张肌和髂胫束。

阔筋膜张肌和髂胫束的静态拉伸法

起始姿势　靠墙站立，用靠近墙壁的手臂进行支撑。靠近墙的腿交叉到另一条腿的后面。

动作　客户向墙的反方向侧弯躯干。

变化动作　客户的起始姿势不变。双手同时举过头顶，客户在保持双臂在头顶伸直的情况下，向与髋关节拉伸相反的方向侧弯躯干。研究人员发现这个动作能够增加ITB的长度（Fredericson et al.，2002）。

阔筋膜张肌和髂胫束的动态拉伸法

跨栏步

起始姿势　站姿，双腿分开与肩同宽。

动作　客户首先向外侧抬起一侧膝盖，然后把该侧脚转向身体前面，向前迈步。

肌肉　此动作着重拉伸髋屈肌、髋外展肌、髋外旋肌、TFL和股四头肌。

阔筋膜张肌和髂胫束的 PNF 拉伸法

参见梨状肌（和髋内旋肌与髋外旋肌）的 PNF 拉伸法（见第112页）。

泡沫轴髂胫束松解

起始姿势　侧躺在泡沫轴上，屈曲上方腿的髋关节，并把该侧脚放在下方腿的前面。

动作　客户沿下方腿的整个大腿（从骨盆顶部到膝关节下方）滚动泡沫轴。

臀大肌拉伸

臀大肌的静态拉伸法

起始姿势　躺在地板上，勾脚，两条腿的大腿交叉。

动作　客户用双手握住小腿膝关节的后侧，将双腿拉向躯干，然后保持此姿势。

臀大肌的动态拉伸法

弓步走（见第98页）
反向弓步走（见第98页）
交替踢腿后群拉伸（见第97页）
爬步手撑走（见第98页）

臀大肌的 PNF 拉伸法

静力–放松

- 客户仰卧在地板或垫子上。
- 用手抓住客户的大腿和小腿。
- 把客户的腿朝向其胸部抬起，屈曲其髋关节和膝关节并旋转其髋关节。把客户的脚带向其身体中线，直到客户感觉到强烈的拉伸感为止。此初始拉伸姿势应保持10秒。
- 让客户等长收缩臀大肌（对客户说：“尝试伸展腿并把脚朝我的方向旋转。”）

10秒，同时您在相反的方向施加与之相等的力。

- 客户放松收缩后，您应立即被动拉伸他的臀大肌，使其超过初始拉伸位置。保持拉伸30秒。
- 每块肌肉或每个肌群重复拉伸2～4次。

主动肌收缩

- 客户仰卧在地板或垫子上。
- 用手抓住客户的大腿和小腿。
- 把客户的腿朝向其胸部抬起，屈曲其髋关节和膝关节并旋转其髋关节。把客户的脚带向其身体中线，直到客户感觉到强烈的拉伸感为止。此初始拉伸姿势应保持10秒。
- 保持10秒后，告诉客户收缩髋屈肌和髋内旋肌，而您对此动作施加阻力，并保持6～10秒。
- 等长收缩后，您应再次被动屈曲和外旋客户的髋关节，拉伸客户的臀大肌。保持拉伸30秒。
- 每块肌肉或每个肌群重复2～4次主动肌收缩。

静力－放松结合主动肌收缩

- 客户仰卧在地板或垫子上。
- 被动拉伸客户的臀大肌，直到客户感觉到强烈的拉伸感为止。保持拉伸10秒。
- 等长收缩10秒后，客户应放松臀大肌。然后，客户应立即开始主动屈曲和内旋髋关节（主动肌）来抵抗阻力。
- 6～10秒后，客户应放松所有肌群，这样您可以进一步拉伸其臀大肌。保持拉伸30秒。
- 重复拉伸2～4次，以最大限度地增强客户臀大肌的柔韧性。

泡沫轴臀大肌松解

起始姿势　坐在泡沫轴上。

动作　客户从腘绳肌上部开始滚动泡沫轴，然后经臀部将泡沫轴滚动到腰部。（重心移到一侧，以更好地拉伸单侧臀部。）

髋屈肌拉伸

髋屈肌的静态拉伸法

跪式髋屈肌拉伸

起始姿势　弓步姿势，前脚的位置超过前膝，后膝放在垫子上。

动作　客户重心前移，直到在髋部前侧和后腿的股四头肌处感觉到拉伸感。

髋屈肌的动态拉伸法

弓步走（见第98页）

反向弓步走（见第98页）

交替踢腿后群拉伸（见第97页）

髋屈肌的PNF拉伸法

静力－放松

- 客户俯卧在地板或垫子上。

- 把一只手放在客户的腰上，并把另一只手放在客户的大腿（膝关节上方）上。

- 将客户的腿抬离地面，轻轻拉伸其髋部前侧和大腿前侧。此初始拉伸姿势应保持10秒。

- 让客户等长收缩髋屈肌10秒，同时您在相反的方向施加与之相等的力。

- 客户放松收缩后，您应立即被动拉伸他的髋屈肌，使其超过初始拉伸位置。保持拉伸30秒。

- 每块肌肉或每个肌群重复拉伸2 ~ 4次。

主动肌收缩

- 客户俯卧在地板或垫子上。
- 把一只手放在客户的腰上，并把另一只手放在客户的大腿（膝关节上方）上。
- 将客户的腿抬离地面，轻轻拉伸其髋部前侧和大腿前侧。此初始拉伸姿势应保持10秒。
- 保持10秒后，告诉客户收缩髋伸肌（臀大肌）（对客户说："试着把腿抬得再高一些，但不要伸展脊柱。"），而您对此动作施加阻力（手从客户的大腿前侧移动到大腿后侧），并保持6～10秒。
- 完成此等长收缩后，您应再次对客户进行被动拉伸，保持拉伸30秒。
- 每块肌肉或每个肌群重复2～4次主动肌收缩。

静力－放松结合主动肌收缩

- 客户俯卧在地板或垫子上。
- 把一只手放在客户的腰上，并把另一只手放在客户的大腿（膝关节上方）上。
- 将客户的腿抬离地面，轻轻拉伸其髋部前侧和大腿前侧。此初始拉伸姿势应保持10秒。
- 客户等长收缩10秒后，应放松髋屈肌。然后，客户应立即主动收缩髋部伸肌（主动肌）来对抗阻力。
- 6～10秒后，客户应放松所有肌群，这样您才能进一步拉伸其髋屈肌。保持拉伸30秒。
- 重复拉伸2～4次，以最大限度地增强客户髋屈肌的柔韧性。

泡沫轴髋内收肌松解

起始姿势 半侧卧，将拉伸腿的大腿内侧放在泡沫轴上，使用拉伸侧的手（同侧手）和另一侧（对侧）的前臂等支撑身体。

动作 客户沿着拉伸腿的大腿内侧滚动泡沫轴，从髋部内侧滚动到膝关节。

髋内收肌拉伸

髋内收肌的静态拉伸法

仰卧内收肌拉伸

起始姿势　仰卧位，髋关节外旋并将双
脚放在一起。

动作　客户向地板方向下压双膝。

坐姿腹股沟拉伸

起始姿势　坐在垫子上，双脚脚底相对并靠向身体。

动作　客户用双手抓住脚踝，并用肘部向地板方向下
压双膝。

跪姿侧弓步

起始姿势　单膝跪在垫子上，另一条腿的髋关节外
旋，使该侧脚朝向另一侧。

动作　客户将身体重心移向支撑脚。

髋内收肌的动态拉伸法

侧弓步拉伸

起始姿势 站立，双脚分开与肩同宽，双手放在髋部；双脚略微外旋，让两侧的脚、膝关节和髋部各呈一条直线。

动作 客户将身体重心移向一侧（弓步），保持此姿势30秒，另一条腿的大腿内侧会感觉到拉伸感。然后，将屈曲朝身体中线靠近并返回起始姿势。客户应在同一方向重复此动作至少2次。然后变换方向，在另一个方向重复此动作至少2次。

髋内收肌的PNF拉伸法

静力-放松

- 客户仰卧，勾腿。
- 把双手放在客户大腿内侧的膝关节处或膝关节上方。
- 把客户的双腿朝地板方向下压，轻轻伸展其大腿内侧肌肉，直到其感觉到强烈的拉伸感为止。此初始拉伸姿势应保持10秒。
- 让客户等长收缩髋内收肌10秒，同时您在相反的方向施加与之相等的力。
- 客户放松收缩后，您应立即被动拉伸客户的髋内收肌，使其超过初始拉伸位置，增加髋关节内收角度。保持拉伸30秒。
- 每块肌肉或每个肌群重复拉伸2 ~ 4次。

主动肌收缩

- 客户仰卧，勾腿。
- 把双手放在客户大腿内侧的膝关节处或膝关节上方。
- 把客户的双腿朝地板方向下压，轻轻伸展其大腿内侧肌肉，直到其感觉到强烈的拉伸感为止。保持拉伸10秒。
- 保持10秒后，告诉客户收缩侧髋部肌肉（说："朝地板方向下压膝关节。"），而您施加阻力（把您的双手放在双膝外侧）来对抗此动作，保持6 ~ 10秒。
- 完成此等长收缩后，您应再次被动内收客户的髋关节，以拉伸其大腿内侧。保持拉伸30秒。
- 每块肌肉或每个肌群重复2 ~ 4次主动肌收缩。

静力-放松结合主动肌收缩

- 客户仰卧，勾腿。
- 被动拉伸客户的髋内收肌，直到客户感觉到强烈的拉伸感为止。保持拉伸10秒。
- 客户完成等长收缩后（10秒），应放松髋内收肌。然后，客户应立即主动收缩髋部肌肉（主动肌）来对抗阻力。
- 6～10秒后，客户应放松所有肌群，这样您可以进一步拉伸其髋内收肌。保持拉伸30秒。
- 重复拉伸2～4次，以最大限度地增强髋内收肌的柔韧性。

梨状肌（和髋部深层外旋肌）拉伸

梨状肌的静态拉伸法

起始姿势　仰卧，膝关节屈曲约90°。

动作　客户双膝交叉，一个放在另一个上面。用双手抓住下方腿的膝关节后侧，将双膝拉向胸部，保持拉伸30秒。

梨状肌的动态拉伸法

跨栏步（见第105页）

梨状肌（和髋内旋肌与髋外旋肌）的PNF拉伸法

下面将描述梨状肌和髋外旋肌的PNF拉伸法。针对髋内旋肌的PNF拉伸法可以相同的方式执行，但方向是相反的。

静力-放松

- 客户仰卧，双腿伸直。
- 用手提起客户的一条腿，让其该侧髋关节和膝关节屈曲约90°。
- 使客户保持髋关节和膝关节的屈曲姿势，同时向身体中线转动脚。此初始拉伸姿势应保持10秒。
- 让客户试着将腿转离身体中线，以便等长收缩髋部肌肉。客户保持此姿势10秒，而您在相反的方向施加与之相等的力。
- 客户放松收缩后，您应立即被动拉伸客户的髋部肌肉，使其超过初始拉伸位置，增强梨状肌的拉伸效果。保持拉伸30秒。
- 每块肌肉或每个肌群重复拉伸2～4次。

主动肌收缩

- 客户仰卧，双腿伸直。
- 用手提起客户的一条腿，让其该侧髋关节和膝关节屈曲约90°。
- 使客户保持髋关节和膝关节的屈曲姿势，同时向身体中线转动脚。保持拉伸10秒。
- 保持10秒后，告诉客户收缩髋部（说："试着将脚转向身体中线。"），而您施加阻力（将您的双手放在客户的腿内侧）来对抗此动作，保持6 ~ 10秒。
- 完成此等长收缩后，您应该再次将客户的脚向身体中线旋转，被动旋转客户的髋关节以拉伸其梨状肌。保持拉伸30秒。
- 每块肌肉或每个肌群进行2 ~ 4次主动肌收缩。

静力-放松结合主动肌收缩

- 客户仰卧，双腿伸直。
- 用手提起客户的一条腿，让其该侧髋关节和膝关节屈曲约90°。
- 使客户保持髋关节和膝关节的屈曲姿势，同时向身体中线转动脚。此初始拉伸姿势应保持10秒。
- 完成10秒的等长收缩后，客户应放松髋部肌肉。然后，客户应立即主动收缩主动肌来对抗阻力。
- 6 ~ 10秒后，客户应放松所有肌群，这样您才能进一步拉伸其梨状肌。保持拉伸30秒。
- 重复拉伸2 ~ 4次，以最大限度地增强客户梨状肌的柔韧性。

泡沫轴梨状肌松解

起始姿势　坐着，髋部向一侧倾斜，同侧的脚（与要拉伸的髋部相同的一侧）在对侧的膝盖上交叉。

动作　客户在后髋部区域来回滚动泡沫轴。

下腰背肌肉拉伸

下腰背肌肉的静态拉伸法

躯干旋转

起始姿势　仰卧，下肢呈钩形（髋关节屈曲约45°，膝关节弯曲约90°）。

动作　客户将双膝朝向地板旋转，保持拉伸足够的时间，然后返回起始姿势。应该在两侧都进行此拉伸。

膝盖到胸部伸展

起始姿势　仰卧，勾腿。

动作　客户双手抓住双膝后侧，把膝盖拉向胸部，保持拉伸30秒。

祈祷式牵伸

起始姿势　四肢着地。

动作　客户坐在脚后跟上，双臂在身体前面伸直。为了强化躯干的一侧，客户可以在将手伸向对侧（与拉伸侧相对的一侧）的同时保持拉伸姿势。

眼镜蛇式

起始姿势　俯卧。

动作　客户双臂发力，将躯干抬离地面，腹部肌肉应收缩，背部肌肉应放松。保持此姿势30秒。

下腰背肌肉的动态拉伸法

弓步走（见第98页）

反向弓步走（见第98页）

爬步手撑走（见第98页）

泡沫轴下腰背松解

起始姿势　躺在泡沫轴上，使用双臂支撑上半身。

动作　客户使用双臂和双腿在整个下腰背部滚动泡沫轴。

腹部肌肉拉伸

腹部肌肉的静态拉伸法

拉伸姿势 1

起始姿势　俯卧。

动作　客户双臂发力，抬起躯干，同时保持髋部和骨盆在地板上。

拉伸姿势 2

起始姿势　躺在地板上，勾腿。

动作　客户将下肢转向一侧，保持拉伸30秒，且应在身体两侧进行此拉伸。

腹部肌肉的动态拉伸法

弓步走（见第98页）

腹部肌肉的 PNF 拉伸法

静力 – 放松

- 客户仰卧在地板或垫子上，勾腿。
- 将客户的下肢转向一侧。将一只手放在客户的肩膀处以稳定其躯干，并将另一只手放在客户的双膝处以引导客户转体。此初始拉伸姿势应保持10秒。
- 让客户试着将腿向中心旋转，以等长收缩腹部肌肉。客户应保持此姿势10秒，而您应在相反的方向施加与之相等的力。

115

- 客户放松收缩后，您应该立即被动拉伸客户的肌肉至最大旋转角度。保持拉伸 30 秒。
- 每块肌肉或每个肌群重复拉伸 2 ～ 4 次。

主动肌收缩

- 客户仰卧在地板或垫子上，勾腿。
- 将客户的下肢转向一侧。将一只手放在客户的肩膀处以稳定其躯干，并将另一只手放在客户的双膝处以引导客户转体。此初始拉伸姿势应保持 10 秒。
- 保持 10 秒后，告诉客户试着将双腿向地板方向旋转以收缩腹部肌肉，而您施加阻力（将您的双手放在下方腿的侧面）来对抗此动作，并保持该姿势 6 ～ 10 秒。
- 完成此等长收缩后，您应该再次将客户被动地向地板方向旋转。保持拉伸 30 秒。
- 每块肌肉或每个肌群进行 2 ～ 4 次主动肌收缩。

静力–放松结合主动肌收缩

- 客户仰卧在地板或垫子上，勾腿。
- 将客户的下肢转向一侧。将一只手放在客户的肩膀处以稳定其躯干，并将另一只手放在客户的双膝处以引导客户转体。此初始拉伸姿势应保持 10 秒。
- 完成 10 秒的等长收缩后，客户应放松腹部肌肉。然后，客户应立即主动收缩主动肌来对抗阻力。
- 6 ～ 10 秒后，客户应放松所有肌群，这样您才能进一步拉伸客户的腹部肌肉。保持拉伸 30 秒。
- 重复拉伸 2 ～ 4 次，以最大限度地增强客户腹部肌肉的柔韧性。

背阔肌拉伸

背阔肌的静态拉伸法

起始姿势　跪在地板上，双臂在身体前面伸直。

动作　客户坐在脚后跟上，让躯干尽可能地接近地板。

背阔肌的动态拉伸法

爬步手撑走（见第98页）

背阔肌的PNF拉伸法

静力-放松

- 客户坐在椅子或地板上。
- 使用一只手支撑客户的上肢，夹牢其上臂（客户肩膀应该最大限度地屈曲，手肘屈曲约90°）。使用另一只手稳定客户的躯干，并将手放在其躯干的另一侧。
- 轻轻地将客户的手臂引导至其头后面，直到客户感到背阔肌有拉伸感为止。此初始拉伸姿势应保持10秒。
- 让客户通过尝试将手臂拉向体侧来等长收缩背阔肌。客户应保持此姿势10秒，而您在相反的方向施加与之相等的力。
- 客户放松收缩后，您应该立即被动拉伸客户的手臂，使其超过初始拉伸位置，增强背阔肌的拉伸效果。保持拉伸30秒。
- 每块肌肉或每个肌群重复拉伸2～4次。

主动肌收缩

- 客户坐在椅子或地板上。
- 使用一只手支撑客户的上肢，夹牢其上臂（客户肩膀应该最大限度地屈曲，手肘屈曲约90°）。使用另一只手稳定客户的躯干，并将手放在其躯干的另一侧。
- 轻轻地将客户的手臂引导至头后面，直到客户感到背阔肌有拉伸感为止。此初始拉伸姿势应保持10秒。
- 保持10秒后，告诉客户将手臂移动至头后面，而您施加阻力（将您的手放在客户上臂的内侧）来对抗此动作，并保持6～10秒。
- 完成此等长收缩后，您应该再次被动拉伸客户的背阔肌。保持拉伸30秒。
- 每块肌肉或每个肌群进行2～4次主动肌收缩。

静力−放松结合主动肌收缩

- 客户坐在椅子或地板上。
- 使用一只手支撑客户的上肢，夹牢其上臂（客户肩膀应该最大限度地屈曲，手肘屈曲约90°）。使用另一只手稳定客户的躯干，并将手放在其躯干的另一侧。
- 轻轻地将客户的手臂引导至头后面，直到客户感到背阔肌有拉伸感为止。此初始拉伸姿势应保持10秒。
- 让客户通过尝试将手臂拉向体侧来等长收缩背阔肌。客户应保持此姿势10秒，而您在相反的方向施加与之相等的力。
- 完成10秒的等长收缩后，客户应放松背阔肌。然后，客户应立即主动收缩主动肌来对抗阻力。
- 6 ~ 10秒后，客户应放松所有肌群，这样您才能进一步拉伸客户的背阔肌。保持拉伸30秒。
- 重复拉伸2 ~ 4次，以最大限度地增强客户背阔肌的柔韧性。

泡沫轴背阔肌松解

起始姿势　上背部的一侧靠在泡沫轴上，髋关节屈曲约45°，膝关节屈曲约90°，双脚放在地板上。
动作　客户使用双腿和对侧（拉伸侧相对的那侧）手臂将泡沫轴从上背部（腋窝）滚动到中背部。

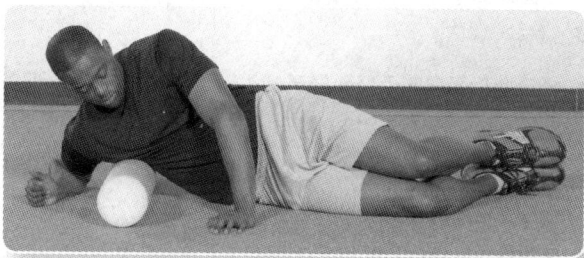

小结

　　最佳柔韧性对所有体力劳动者、运动员和患者都是至关重要的。核心柔韧性增强将帮助体力劳动者使用正确的工作姿势。弥补柔韧性不足可以帮助运动员提高其运动成绩。此外，活动范围增加有助于患者从骨科手术中恢复。

　　但是，许多客户并没有将柔韧性练习纳入他们的训练计划中。那些进行拉伸的人常常拉伸不足或者使用了错误的拉伸方式。健身专家的任务是确定客户潜在的不足之处，然后引导客户应用最佳拉伸方式，从而最大限度地增强客户的柔韧性。健身专家还必须了解最新的柔韧性练习趋势，并将这些新方法与循证方法及研究文献中报告的科学进展进行比较。

第8章
快速伸缩复合训练

在运动员的训练计划中纳入快速伸缩复合训练对于提升其运动表现至关重要，正确执行快速伸缩复合训练可以增强运动员的爆发力。

快速伸缩复合训练的历史

在20世纪六七十年代，来自欧洲的运动员在一些奥林匹克运动中表现突出，例如田径、举重和体操（Chu，1998；Chu and Cordier，2000）。他们使用了一种新的锻炼方式，这有助于他们在需要速度和爆发力的体育运动中获得竞技优势。这种新的锻炼方式被称为冲击训练法或跳跃训练。跳跃训练（现称为快速伸缩复合训练）应归功于当时的知名教练和研究员尤里·维尔霍山斯基（Yuri Verkhoshansky）。他早期关于跳跃训练的出版物向世界其他国家/地区介绍了跳跃训练的好处。

弗雷德·威尔特（Fred Wilt）是一位美国田径教练，将跳跃训练的名称更改成了快速伸缩复合训练（Chu and Cordier，2000）。楚将快速伸缩复合训练描述为这样一种锻炼方式："在尽可能短的时间内使肌肉获得最大力量。"（Chu，1998）这对体育界的影响很大。例如，应用了这种锻炼方式后，一名跳得高、速度快的篮球前锋可能很快就会超越其对手。由于快速伸缩复合训练在运动力量与速度方面具有连接作用，因此在所有运动员的周期性训练计划中纳入快速伸缩复合训练是有必要的（Radcliffe and Farentinos，1999；Potach and Chu，2000）。

快速伸缩复合训练的科学依据

研究人员提出了两种模型来解释快速伸缩复合训练如何增强运动员的爆发力：力学模型和神经生理学模型（Potach and Chu，2000）。在力学模型中，串联弹性组分（SEC）储存并随后从中释放弹性能量［当结构（例如肌肉和肌腱单元）被拉伸时产生的能量形式］。SEC由肌腱及相关的结缔组织构成。在神经生理学模型中，刺激肌梭会发起反射性反应，最终导致产生的力量增加。肌梭是一种本体感受器官，可根据施加到肌肉的拉伸力的速率和大小变化进行响应。这种反射作用提高了被拉伸肌肉的活动度，从而增强了产生的力量。

力学模型和神经生理学模型被认为都有助于力量的产生，但每种模型所贡献的百分比暂时是未知的（Potach and Chu，2000）。

快速伸缩复合训练涉及"使用预先拉伸的快速、强大的运动，或包括伸展缩短周期的反向运动"（Potach and Chu，2000）。正确使用伸展缩短周期（人体中最快的反应之一）是最大限度地增强快速伸缩复合训练效果的关键。伸展缩短周期的3个阶段分别是离心阶段、触地阶段和向心阶段。在每一个阶段中，力学模型和神经生理学模型都起作用。下面将详细介绍每个阶段的生理基础。

支持快速伸缩复合训练的研究实证

下述研究以NCAA I级的高尔夫球手为研究对象，旨在确定训练计划对其杆头速度的影响。16名高尔夫球手（10名男性和6名女性）参与了一项关于力量、爆发力和柔韧性的训练计划（Doan et al.，2006）。高尔夫球手每周训练3次，持续进行11周。此训练计划包含两个针对躯干的快速伸缩复合训练：药球速度旋转和站姿药球抛球。高尔夫球手还在每次训练期间进行躯干强化训练。在每次力量、爆发力和柔韧性测试中都有明显的测前测后变化：杆头速度明显提高，开球距离增加了16英尺（约4.9米）。研究人员得出的结论是，训练计划（由柔韧性训练、力量训练和快速伸缩复合训练组成）明显提高了高尔夫球手的杆头速度，并且不会影响学院派高尔夫球手的投掷距离。

其他研究人员研究了负重训练和快速伸缩复合训练对高尔夫球手表现的影响（Fletcher and Hartwell，2004）。6名男性高尔夫球手参与了一项为期8周的训练计划。在实施训练计划之前和之后，研究人员测试了这些高尔夫球手的杆头速度和开球距离。该训练计划由下列躯干练习组成：卷腹、背部伸展和侧弯。其中的训练组还进行了4种药球练习：坐姿水平转体、站姿水平转体、站姿背部伸展和高尔夫挥杆。对照组显示没有明显变化，而训练组显示杆头速度和开球距离明显增加（$p \leq 0.05$）。研究人员认为开球距离的增加是由于肌肉力量增加和施力到球的身体发力顺序得到改善。研究人员得出的结论是，负重训练和快速伸缩复合训练有助于增加高尔夫球手的杆头速度和开球距离。

第一个阶段是离心阶段，在主动肌被预负荷时发生。当执行离心收缩时，SEC会得到拉伸。此时，肌梭会受到刺激，并且SEC会延长，从而储存弹性能量（Potach and Chu，2000）。第二个阶段是触地阶段，指离心阶段和向心阶段之间的一段时间。尽管研究人员并没有具体指出触地阶段到底持续多久，但有一个共识是它必须尽可能短（Chu，1998）。浪费时间从离心阶段过渡到

向心阶段将阻止运动员进行伸展反射，并且会浪费此前储存的能量。在最后一个阶段，即向心阶段，运动员使用SEC释放的能量和伸展反射的增强作用来最大限度地输出力量。

下面以跳深来演示在伸展缩短周期的每个阶段中股四头肌的作用。运动员最初站在箱子的顶部，然后跳离箱子，最后双脚落在地板上。运动员的着陆姿势引起了股四头肌的离心收缩（或延长）。着陆之后，运动员必须立刻做纵跳动作，从而引起了股四头肌的向心收缩（或缩短）。跳深的离心阶段和向心阶段之间的关键时期是触地阶段（注意：尽管跳深强调的是股四头肌的作用，但是您不应该忘记整个下肢动力链中参与此运动的其他肌肉）。

快速伸缩复合训练计划的设计原则

设计快速伸缩复合训练计划时，您必须考虑以下变量。

● **类别**。类别在这里指训练的身体区域，通常被描述为下半身、上半身和躯干。

● **强度**。强度基于施加到关节的力，并且通常被描述为低、中等或高。

● **频率**。频率指每周进行的训练次数。尽管标准做法是让运动员每周进行1 ~ 3次快速伸缩复合训练，但并没有研究确定多少次是最有效的。

● **恢复时间**。恢复时间指的是每次重复、每组和每次练习之间运动员应该休息的时间。推荐的练习时间与恢复时间的比例是1∶5或1∶10，即如果完成练习需要10秒，则运动员应该在每组练习之间休息50 ~ 100秒（Chu and Cordier，2000）。运动员在不同练习之间应休息1 ~ 5分钟（Stone and O'Bryant，1987；Potach and Chu，2000）。每次训练之间的恢复时间是48 ~ 72小时。您不应该要求运动员连续几天对同一身体区域进行快速伸缩复合训练。

● **训练量**。训练量指任意特定训练期间进行的重复次数和组数。与高级运动员相比，新手执行的组数和重复次数通常更少一些。您规定的重复次数和组数将取决于训练阶段（例如淡季和季前赛等）。例如，在准备期的增肌和耐力阶段，新手可能会针对下肢执行低到中等强度的练习，并重复60 ~ 100次（脚触地）（Chu，1998）。

不幸的是，很少有关于特定躯干运动的最有效训练量的研究。许多针对躯干的快速伸缩复合训练包括投掷和接药球。一些研究人员建议根据每次上肢练习的投掷次数来制订训练量（Potach and Chu，2000）。许多躯干练习都会涉及上肢投掷。着手为运动员实施躯干特定的快速伸缩复合训练计划时，最初您应该考虑制订2 ~ 3组、10次重复。如果运动员能够快速恢复，并且没有感到过度的肌肉酸痛，您则可以根据需要增加组数和重复次数。

● **计划长度**。快速伸缩复合训练计划的理想时长没有定论。有研究人员指出 4 ~ 10 周的训练可以最大限度地增强训练效果（Potach and Chu，2000）。

● **进阶**。进阶指逐步增加肌肉或肌群的负荷。例如，可以让运动员从低强度的低至中等练习量开始，稍后让运动员进行高强度练习以满足他的运动要求。

快速伸缩复合训练的先决条件

实施快速伸缩复合训练计划之前，客户应有一定水平的肌力（Potach and Chu，2000）。例如，一些报告表明，客户必须能够在最小重量为其体重 1.5 倍的情况下执行 1RM 深蹲，然后才被允许进行下肢快速伸缩复合训练（Holcomb et al.，1998；美国国家体能协会，1993；Wathen，1993）。基于此条件，一位重 200 磅（约 91 千克）的人必须能够做至少 300 磅（约 136 千克）的深蹲才能执行下肢的高强度快速伸缩复合训练。但是，此指导原则似乎仅基于临床评估报告而不是实证研究证据。临床评估报告在一定程度上发表专家的意见，对传播知识有一定的作用，但受到研究过程没有经过质疑这一事实的限制。波塔克（Potach）和楚的报告（2000）声称，"没有足够肌肉力量或足够健身水平的运动员应推迟进行快速伸缩复合训练，直到他们满足最低标准的要求为止"。不幸的是，这并没有说明具体何时允许某人开始实施快速伸缩复合训练计划。阿勒海利根（Allerheiligen）和罗杰斯（Rogers）（1995）提出的建议可能有助于指导临床决策（参见下面的分类系统）。此外，近期的一些研究报告介绍了侧重于下肢的低强度、中等强度和高等强度的快速伸缩复合训练的用法。在这些报告中，训练计划将作为损伤预防计划的一部分，为期 6 周。结果表明，此训练计划可成功应用于各种受过训练和未经训练的运动员，并且几乎没有任何副作用（Hewett et al.，1996；Hewett et al.，1999）。

其他训练注意事项

一些人认为儿童不适合执行快速伸缩复合训练。这些人坚信快速伸缩复合训练可能会伤害儿童的关节。但是，目前有关快速伸缩复合训练损伤风险的研究很少。儿童真的有受伤风险吗？儿童每天做什么？他们蹦蹦跳跳，到处玩耍。尽管受伤风险可能很低，但是阿勒海利根和罗杰斯（1995）提出了一个分类系统，以帮助和指导力量训练专家针对青少年运动员制订快速伸缩复合训练。此分类系统还可用于为康复客户、一般客户和运动员制订快速伸缩复合训练，包括以下 3 个类别。

● **新手**：新手之前没有进行快速伸缩复合训练的经验。如果一个人缺乏训练，没有进入青春期，或者是康复客户，那么此人就被归类为新手。新手应该从低强度的快速伸缩复合训练开始。

- **中级：** 中级分类包括处于高中阶段的运动员和处于康复后期阶段的患者（例如，不再有关节或肌肉疼痛并且已接受医生的治疗，可恢复所有正常活动的患者）。这些个体可以进行中等强度的快速伸缩复合训练。
- **高级：** 高级分类包括大学和精英运动员。这些运动员可以进行高强度的快速伸缩复合训练。值得注意的是，不建议为康复客户制订高强度的快速伸缩复合训练。

美国国家体能协会（NSCA）发布了立场声明，为何时实施快速伸缩复合训练计划提供了进一步指导。

下面是美国国家体能协会的立场声明。

1. 伸展缩短周期的特征在于主体在快速减速之后几乎立即进行反向的快速加速，这对大多数竞技运动的表现至关重要，特别是涉及跑步、跳跃和快速改变方向的运动。

2. 快速伸缩复合练习计划旨在训练肌肉、结缔组织和神经系统，从而有效地完成伸展缩短周期，提升大多数竞技运动的表现。

3. 运动员的快速伸缩复合训练计划应包括运动专项练习。

4. 谨慎应用的快速伸缩复合训练计划并不比其他运动训练和竞技形式有害，并且它们可能是安全地适应严苛的爆发力运动所必需的。

5. 通过标准抗阻训练提升力量的运动员才可参与快速伸缩复合训练。

6. 只有一小部分参与快速伸缩复合训练的运动员才能进行跳深练习。通常，体重超过220磅（约100千克）的运动员不应该进行高度超过18英寸（约46厘米）的深蹲跳跃。

7. 运动员不应该连续几天进行涉及特定肌肉或关节复合体的快速伸缩复合训练。

8. 运动员疲劳时不能进行快速伸缩复合训练。在快速伸缩复合练习组之间应设置充足的恢复时间。

9. 快速伸缩复合训练中所用的鞋类和地面必须有良好的减震能力。

10. 运动员开始快速伸缩复合训练之前应该进行一系列充分的热身练习。在进行更复杂和强度更高的训练之前，运动员应该掌握要求更简单和强度更低的练习。

Reprinted, by permission, from NSCA.

快速伸缩复合训练的练习

快速伸缩复合训练应包含在所有运动员的训练计划中，如表8.1所示。尽管人们通常根据所训练的身体区域（例如下半身、上半身或躯干）来对快速伸缩复合训练的练习进行分类，但许多被归类为"下半身"或"上半身"的练习也会训练核心肌群。例如，侧向抛药球（上半身练习）是包含在高尔夫球手的快速伸缩复合训练计划中的适当练习。

　　本部分列出的许多练习都需要使用药球、壶铃、反弹器或搭档。在重复每组动作之前，您应指导客户或运动员进行腹部收缩。

表8.1　快速伸缩复合训练的练习及其强度和适合的运动项目

练习	强度	适合的运动项目
下手抛药球	低	足球、摔跤
过顶抛药球	低	棒球、田径运动（投掷项目）
躯干旋转传递药球	低	所有运动项目
侧向抛药球	低	所有运动项目
向后抛药球	低	摔跤、田径运动（投掷项目）
药球转体	低	足球、摔跤、投掷运动
坐姿侧向抛药球	低	所有运动项目
药球卷腹传递	低	所有运动项目
卷腹过顶抛药球	中等	投掷运动
药球仰卧起坐	中等	所有运动项目
药球旋转接触	中等	所有运动项目
仰卧起坐胸前推药球	中等	所有运动项目
直立甩摆	高	带有跳跃的运动项目
勺式抛球	高	所有运动项目

下手抛药球

起始姿势　下蹲，把药球放在身体前面且靠近地面的位置。

动作　客户快速从下蹲变为站立，使用从腿部生成的爆发力将药球抛出。

常见错误　一些客户可能无法在整个动作中保持脊柱处于中立位。您应该站在9 ~ 12英尺（约2.7 ~ 3.7米）远的地方，以观察此练习期间客户的姿势。

强度　低。

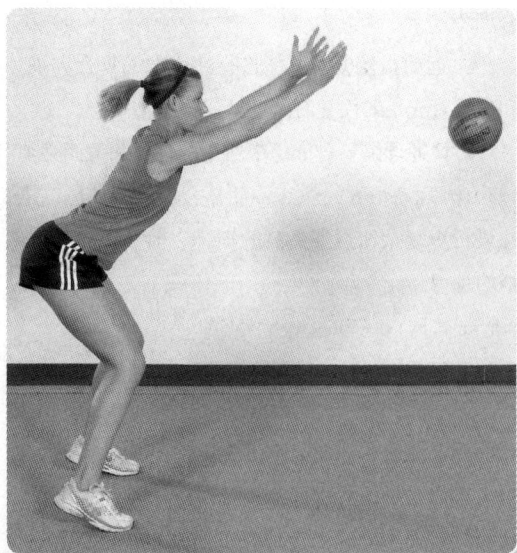

过顶抛药球

起始姿势　站立，脸朝向反弹器或搭档，手持药球并举过头顶。

动作　客户向前迈步并将药球传给反弹器或搭档。

强度　低。

躯干旋转传递药球

起始姿势　坐着，腿尽可能向外伸展；搭档在客户的背后手持药球。

动作　客户转向一侧抓住药球，然后手持药球旋转至另一侧，将药球交给搭档。根据需要在两侧重复此动作。

强度　低。

侧向抛药球

起始姿势　以准备姿势站立，双手持药球。

动作　客户一开始持球转向远离目标（搭档或反弹器）的方向。然后，客户快速更改方向，转向搭档或反弹器并抛出药球。

变化动作　客户可以跪姿进行侧抛。

强度　低。

向后抛药球

起始姿势　下蹲姿势，在两腿之间手持药球。搭档站在客户背后 9 ~ 12 英尺（约 2.7 ~ 3.7 米）处。

动作　客户站直并从头顶向后抛药球，将药球扔给搭档。

常见错误　客户在下蹲时可能会拱起背（过度弯曲），而不是保持脊柱处于中立位。

强度　低。

药球转体

起始姿势 手持药球，与搭档背对背站立。

动作 客户持药球转向一侧，将药球交给搭档，搭档接药球。根据需要在两侧重复此动作。

强度 低。

坐姿侧向抛药球

起始姿势 坐姿，双手持球，与搭档面向同一方向或不同方向，距离搭档 5 ～ 6 英尺（约 1.5 ～ 1.8 米）。

动作 客户将躯干转向与搭档相反的方向，使用药球触地，然后快速转向搭档并抛出药球。接到搭档传回的药球后，重复此动作。

强度 低。

127

药球卷腹传递

起始姿势　仰卧，髋关节和膝关节屈曲。搭档站在客户一侧（靠近客户腰部的位置）。搭档手持药球。

动作　客户做半卷腹，伸手拿药球；抓住药球后，回到起始姿势。然后，搭档伸手从客户处拿药球。

强度　低。

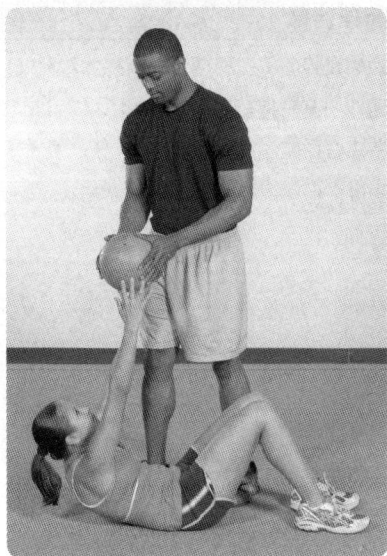

卷腹过顶抛药球

起始姿势　仰卧，膝关节屈曲，双臂在头顶伸直，手持药球。搭档面向客户，站在其双脚处。

动作　客户抬起上半身，双臂伸直，将药球抛向搭档。

强度　中等。

药球仰卧起坐

起始姿势　客户和搭档面对面而坐，相距 3 ~ 4 英尺（约 0.9 ~ 1.2 米），膝关节屈曲。客户以仰卧位开始，手持药球。

动作　客户做仰卧起坐，将药球抛向搭档。搭档在仰卧起坐最高点附近接住药球，并借着药球的冲力躺回地面，然后快速改变方向，做仰卧起坐，把药球抛回给客户。

强度　中等。

药球旋转接触

起始姿势　坐姿，整个身体呈 "V" 形，双脚离地。搭档站在客户的侧后方。

动作　客户在搭档的对侧手持药球，将药球放在地面上（接近髋部的位置）。客户转体，将药球从身前递向搭档，使药球碰到搭档的手，然后持药球回到起始姿势。客户在两侧根据需要重复此动作。

强度　中等。

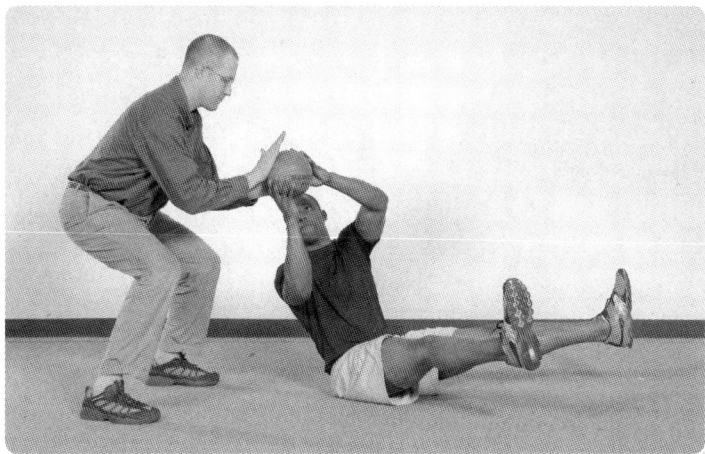

129

仰卧起坐胸前推药球

起始姿势　坐在地上，髋关节和膝关节弯曲。搭档手持药球站在距离客户 2 ~ 3
英尺（约 61 ~ 91 厘米）处。

动作　搭档将药球抛向客户的手，同时客户将身体朝地面落下。客户接住药球并
躺在地上。随后客户坐直并将药球抛回给搭档。

强度　中等。

直立甩摆

起始姿势 站姿，双手持壶铃或药球。

动作 客户伸直双臂，将壶铃或药球举至头顶前上方，然后反转方向，将壶铃向下拉，同时身体呈深蹲姿势。然后，客户快速改变姿势，再次将壶铃举至头顶前上方。根据需要重复以上动作。

强度 高。

勺式抛球

起始姿势　以运动准备姿势站立，双脚分开，略宽于髋，膝关节屈曲20°～30°。搭档站在客户一侧，与客户面向同一方向，距离客户4～5英尺（约1.2～1.5米）。

动作　客户开始时将药球放在一侧髋关节位置，然后略微旋转上半身，将药球抛向搭档。搭档接住药球并重复同一动作，将药球抛回去。根据需要在身体两侧重复此动作。

强度　高。

小结

　　胜负之间的差异可以归结为运动员的接球速度、跳跃距离或击球距离之间的差异，而快速伸缩复合训练是增强爆发力以提升运动表现的关键。一些研究证明了在运动员的训练计划中纳入快速伸缩复合训练的功能性好处。

　　快速伸缩复合训练应成为所有运动员训练计划的一部分。在进行快速伸缩复合训练之前，您必须仔细考虑运动员的经验水平。通过适当地处理快速伸缩复合训练的变量，大多数运动员都将能够安全地执行该训练。

第9章
核心训练的特殊注意事项

对于运动员和非运动员来说，核心区域的肌肉和关节都经常受伤。美国每年有数百万美元用于医疗治疗和治疗处理，以帮助受伤者恢复正常。在一些情况下，受伤可能非常严重，以至于受伤部位的功能无法恢复正常。

本章的目的是展示核心区域常见的肌肉骨骼损伤。为康复后客户制订的训练计划将受到其病史的影响。此外，本章还将解决与怀孕和特定运动群体相关的核心训练问题。

核心损伤和训练注意事项

核心区域的肌肉骨骼损伤在医生和康复专业人员治疗的所有损伤中占很大一部分。具体来讲，80%的美国人在其一生中至少会经历一次腰痛（Rasmussen-Barr et al., 2003）。许多核心损伤经保守治疗可成功治愈，但是一些损伤可能需要很长的恢复期。在某些情况下，一些人可能需要接受外科手术才能恢复正常。健身专家实施的训练计划可以帮助康复后客户重返工作或赛场，并且可能有助于降低其再次受伤的风险。

熟悉常见的背部和髋部损伤将提高您为客户设计核心训练计划的能力。与以往一样，在制订训练计划之前，您应该查看每个客户的病史（尤其是肌肉骨骼损伤或伤痛史）。如果客户有肌肉骨骼损伤，您可以将客户转诊给恰当的医疗服务人员。如果需要治疗，应该由康复专业人员首先治疗特定损伤。一些经过治疗允许出院的患者可能并没有达到最佳功能水平。由于多种原因，患者可能会过早地停止治疗。正因为如此，健身专家才有机会为最近受伤或肌肉骨骼损伤未完全治愈的无症状客户制订和实施康复训练计划。

下面提供了与脊柱区域和髋部常见损伤相关的信息，每种损伤都有简单的病理生理学介绍，以及关于损伤预防或康复后训练的建议。尽管我们提供了建议，但您仍然必须与客户交谈并执行身体评估与功能性测试。

脊柱损伤

下文提供了一些脊柱区域常见的肌肉骨骼损伤的详细信息。其中一些损伤可能会导致剧烈疼痛和伤残。健身专家在为有背痛史的客户制订核心训练计划时，必须解决其潜在的力量局限性问题，同时避免制订可能会加重病痛的练习。

腰肌劳损

劳损指肌肉组织的过度拉伸或撕裂。肌肉劳损通常是由对肌肉施加过大的张力或压力而引起的，腰肌劳损如图9.1所示。

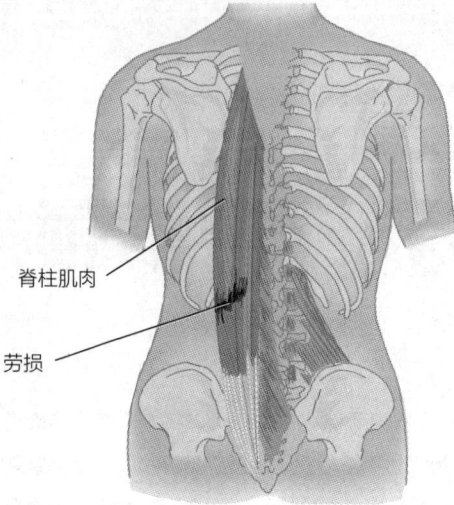

图9.1　腰肌劳损

Reprinted, by permission, from M. Flegel, 2008, *Sport first aid*, 4th ed. (Champaign, IL: Human Kinetics), 191.

例如，使用错误技术或错误姿势（例如过度腰椎前凸）重复地举起重物可能导致腰肌劳损。胸肌或腰肌劳损的客户或运动员可能会出现疼痛和肌肉僵硬，并损害其功能。这通常会使个体寻求康复专家的治疗。您一定要询问客户最近是否参与了康复计划。如果客户参与了康复计划，则您还应该了解客户从康复专家那里学习了哪些练习。

常见的功能不良性动作模式和典型的评估结果

- 做屈曲和侧弯动作时感到疼痛。

- 将物体抬离地面时感到疼痛或无法完成动作。
- 腰部肌肉僵硬或痉挛。
- 触摸腰部肌肉时感到疼痛。

核心训练适应证

劳损后，客户的其余肌肉可能无力，并且腰部的柔韧性较差。您应首先通过静态拉伸和基本核心耐力练习来解决客户的功能受限问题。

- 静态拉伸。
  - 膝盖到胸部伸展。
  - 祈祷式牵伸。
  - 眼镜蛇式。
- 基本核心耐力练习。
  - 臀桥。
  - 直臂下拉。
  - 侧桥的基础（初学者）版本。
  - 卷腹。

核心训练禁忌证

避免制订会重现客户的疼痛症状的练习。您应让客户逐步从基本核心耐力练习过渡到中等练习。

椎间盘突出（髓核突出）

椎间盘突出会引发严重衰弱状态，可能需要手术来缓解症状。椎间盘损伤类型（如表9.1所示）。

表9.1　椎间盘损伤类型

椎间盘损伤类型	定义
椎间盘突出	椎间盘的内部向周边膨出，挤压椎间盘的外部，但没有破坏椎间盘
椎间盘脱出症	内部破裂导致椎间盘外部损坏
椎间盘游离	椎间盘内部损坏并与椎间盘分离

椎间盘损伤是如何发生的？将椎间盘想象为一个果酱甜甜圈：内部的果冻部分是凝胶状髓核，甜甜圈部分（椎间盘的外部）是纤维环。如果损坏了外层的糕点部分，果酱甜甜圈

会怎么样？果酱会流出来。这尽管是一个过于简化的描述，但与椎间盘损伤发生的过程类似。重复应力（例如工作或健身房中糟糕的负重力学），可能会使纤维环（外层的甜甜圈部分）退化。这可能会导致椎间盘膨出或者在最坏情况下，椎间盘的内部可能被破坏并且与椎间盘分离（椎间盘游离）。

常见的功能不良性动作模式和典型的评估结果

- 腰痛，疼痛可能辐射到腿部。
- 做屈曲和侧弯动作时感到疼痛。
- 腰部肌肉和臀部肌肉痉挛和僵硬。

核心训练适应证

大多数诊断为腰椎间盘损伤的客户以前都接受了康复专家的治疗。尽管经过了治疗，但客户可能仍会感到间歇性疼痛，腰部或下肢缺乏柔韧性，并且核心力量失调。最初，这类客户应避免进行有屈曲动作的练习，例如卷腹。根据客户的功能性需求，您应逐步为其引入有屈曲动作的练习。如果客户感到疼痛，您应让客户立即停止练习。

- 静态拉伸。
  - 眼镜蛇式。
  - 腘绳肌拉伸。
- 基本和中等核心耐力练习。
  - 四点支撑单手单膝跪姿。
  - 侧桥的基础（初学者）版本。
  - 前平板支撑或俯卧平板支撑。

核心训练禁忌证

腰椎间盘突出客户可能需要避免某些练习。具体地讲，客户可能需要避免不正确地执行或在无人监督的情况下执行可能会增加腰椎间盘再次突出风险的练习（Ostelo et al., 2003）。

您应遵循下列指导原则来制订躯干屈曲练习（仰卧起坐）。

- 如果客户感到剧烈的椎间盘疼痛，则应避免制订这些练习。
- 为了解决腹直肌无力的问题，应在初期制订前平板支撑或俯卧平板支撑等练习，避免客户弯曲脊柱。
- 强化髋关节对于椎间盘突出的客户至关重要。最佳髋关节肌力是个体执行功能性深蹲所必需的，可避免腰椎弯曲。
- 一旦客户不再感到疼痛，应根据具体情况谨慎使用屈曲练习。

腰椎弓峡部裂或腰椎滑脱

腰椎弓峡部裂是关节间部的一种缺陷，可以在双侧发生。出现这种情况时，椎骨将失去提供后部稳定性的能力（见图9.2a），结果可能是一个椎骨前滑至远段，即腰椎滑脱（见图9.2b）。

常见的功能不良性动作模式和典型的评估结果

- 下腰背感到疼痛。
- 腰部伸展时感到疼痛。
- 核心耐力差。

核心训练适应证

客户能在屈曲脊柱和脊柱处于中立位时做伸展和强化练习，但应避免腰椎伸展。下面是患有腰椎弓峡部裂或腰椎滑脱的客户可能适合的练习示例。

- 静态拉伸。
  - 膝盖到胸部拉伸。
  - 祈祷式牵伸。
  - 腘绳肌拉伸。
  - 梨状肌拉伸。
- 基本和中等核心耐力练习
  - 四点支撑单手单膝跪姿。
  - 侧桥（侧平板支撑）。

135

关节骨折

椎骨骨折

向前滑移

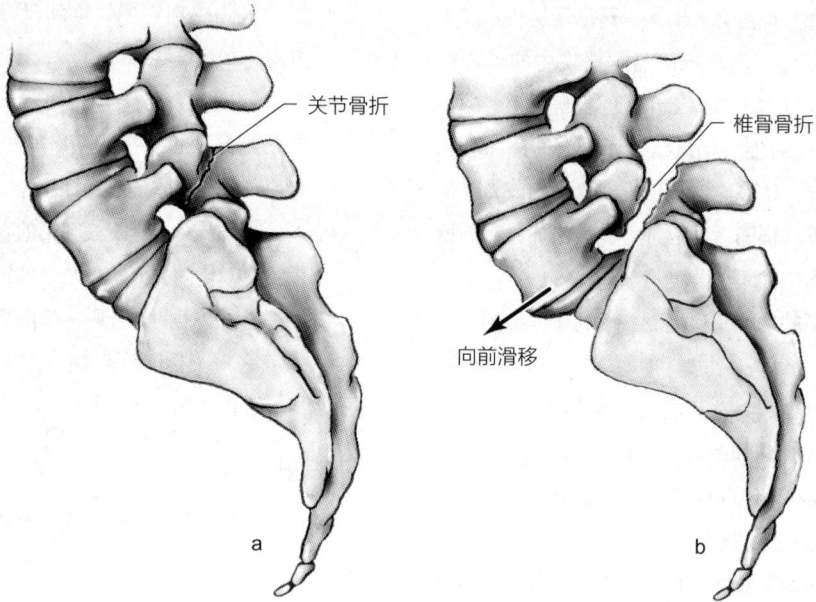

图9.2 （a）椎弓崩裂和（b）腰椎滑脱

Reprinted, by permission, from R. Gotlin, 2008, *Sport injuries guidebook* (Champaign, IL: Human Kinetics), 160, 188.

● 卷腹。

核心训练禁忌证

腰椎滑脱患者应避免进行要求脊柱保持处于中立位以外的伸展练习。

髋部损伤

运动员和久坐不动的人有患髋部损伤的风险。在髋部损伤的情况下，即使是轻微的肌肉拉伤也会导致疼痛并损害步态和功能。残余髋关节无力可改变下肢的生物力学状况，可能导致膝盖或足部疼痛。下面提供了一些常见的髋部肌肉骨骼损伤的详细信息。

髋部肌肉拉伤

竞技运动员和业余运动员经常会遭受髋部肌肉拉伤（Tyler et al., 2001；Tyler et al., 2001；Anderson et al., 2001；Grote et al.,

2004）。解决季前赛功能限制的训练计划可能有助于降低受这些伤的风险（Tyler et al., 2002）。表9.2列出了常见的髋部肌肉拉伤的损伤机制，以及运动员经常出现髋部肌肉拉伤的运动项目或动作。

造成肌肉拉伤的同一力量和损伤机制可能会导致儿童和青少年的肌肉撕裂（肌肉与骨骼分离）（Anderson et al., 2001）。抱怨自己有肌肉损伤的儿童和青少年应被转诊给医生以排除其有撕脱伤。

髋屈肌拉伤

髋屈肌（髂肌和腰大肌）拉伤是由于屈髋时阻力过大或暴力或突然过伸造成的（Anderson et al., 2001）。此外，髋关节前部受到暴力冲击（例如橄榄球中的冲撞）也可能导致髋屈肌损伤。

表9.2　常见的髋部肌肉拉伤和损伤机制

肌肉或肌群	损伤机制	运动项目或动作
髋屈肌	1. 屈髋时阻力过大或暴力式突然过伸 2. 髋关节前部受到暴力冲击	• 足球中的踢球 • 橄榄球
髋内收肌	在滑冰、滑雪或蛙泳等运动期间快速或大幅度外展髋关节	• 蛙泳中的打腿 • 冰球 • 滑冰 • 越野滑雪 • 橄榄球 • 足球
股直肌	1. 屈髋时阻力过大 2. 暴力式突然过伸	• 足球中的踢球 • 短跑

Anderson et al., 2001; Tyler et al., 2001; Grote et al., 2004.

常见的功能不良性动作模式和典型的评估结果

- 髋部前部疼痛。
- 髋关节屈曲时疼痛。
- 髋关节伸展时感到疼痛并缺乏柔韧性。
- 髋关节屈曲力量不足。

核心训练适应证

髋屈肌拉伤的客户应进行静态拉伸和核心练习以便恢复功能。

- 静态拉伸。
  - 跪式髋屈肌拉伸。
- 核心练习。
  - 站姿髋关节屈曲（自重或外界提供阻力）。
  - 弓步。
  - 侧桥–髋关节外展。

髋内收肌拉伤

髋内收肌拉伤在滑冰和滑雪运动中很常见，在进行蛙泳的游泳运动员中也很常见（Tyler et al., 2001；Tyler et al., 2002；Grote et al., 2004）。在运动期间快速或大幅度外展髋关节可能导致髋内收肌拉伤。

常见的功能不良性动作模式和典型的评估结果

- 腹股沟区域疼痛
- 主动进行髋关节内收和被动进行髋关节外展时都感到疼痛

核心训练适应证

预防是最好的方法，但是如果已经出现了拉伤，则温和的逐步拉伸计划和核心练习有助于运动员重返赛场。

- 静态和动态拉伸。
  - 坐姿腹股沟拉伸。
  - 侧弓步拉伸。
- 核心练习。
  - 杠铃/哑铃深蹲。
  - 多方向弓步。

股直肌拉伤

股直肌拉伤与髋屈肌拉伤的机制类似。屈髋时阻力过大以及暴力式突然过伸可能会使此肌肉受伤。这是短跑选手经常会出现的一种主要拉伤。

常见的功能不良性动作模式和典型的评估结果

- 髋部前侧和大腿疼痛。
- 主动进行髋关节屈曲和膝关节伸展时感到疼痛。
- 被动进行髋关节伸展时感到疼痛。
- 髋关节伸展时无法活动。

核心训练适应证

髋屈肌拉伤的客户可以从以下练习中受益。

- 静态拉伸。
  - 站姿股四头肌拉伸。
  - 跪式髋屈肌拉伸。
- 核心力量练习。
  - 哑铃/杠铃深蹲。
  - 弓步。

核心训练禁忌证

如果仍有部分症状，客户应避免进行过度伸展髋关节和在大负荷下屈曲髋关节及伸展膝关节的核心力量练习。

疝气

尽管疝气不属于肌肉骨骼损伤，但疝气最初可能被误认为肌肉拉伤。如果运动员在练习期间感到腹股沟区疼痛，但并没有外伤，则其可能患有运动疝。

常见的功能不良性动作模式和典型的评估结果

- 腹股沟区疼痛。
- 咳嗽或打喷嚏时感到疼痛。
- 练习时感到疼痛。

核心训练适应证

客户可能表现得好像有髋内收肌拉伤。在训练进展到某个时刻，其将变得很痛苦。您需要将其转诊至其主治医师来诊断其是否患有疝气。

核心训练禁忌证

若客户在练习时感到疼痛，请将他转诊给恰当的医疗保健专业人员（医师、整骨医师、执业护理师、助理医师）。

髋关节弹响症候群

髋关节弹响症候群之所以被这样命名，是因为患者在髋关节屈曲和伸展期间，当髂胫束病理性地摩擦股骨大转子时，髋部会发出"咔咔"声（Anderson et al.，2001）。这种情况常见于跑者。

核心训练适应证

有此症状（或过去有此症状）的运动员将从髂胫束拉伸和髋外展肌的核心练习中受益。

- 髂胫束拉伸。
  - 站姿髂胫束拉伸。
  - 泡沫轴髂胫束松解。
- 核心练习。
  - 侧桥–髋关节外展。
  - 侧桥（侧平板支撑）。

核心训练禁忌证

根据客户的耐受性逐步增加训练难度，避免制订使症状重现的练习。

髋关节骨性关节炎

衰老的正常结果是关节出现退行性病变。关节的退行性病变可能包括缓冲关节的软骨丢失、骨刺恶化，以及负重状态下出现骨摩擦。如果髋关节疼痛的客户一整天都感到剧烈疼痛，则他可能患有髋关节骨性关节炎。年轻人通常不会患髋关节骨性关节炎。最早患此症可能在40岁左右。有髋关节骨性关节炎的客户应咨询骨科医师，骨科医师可以采取集中保守治疗措施来帮助客户减轻疼痛。无痛的核心训练和一般的健身计划可能会有帮助。对于许多患者来说，他们可能需要接受髋关节置换手术。

常见的功能不良性动作模式和典型的评估结果

- 髋关节疼痛。
- 行走时疼痛。
- 进行功能性活动时感到疼痛。
- 无法活动。

核心训练适应证

强化髋部肌肉可能有助于减轻疼痛。但是，根据髋关节骨性关节炎的严重程度，您可能会让患者以非负重姿势进行训练。

核心训练禁忌证

避免制订使疼痛再现的练习。

核心和运动表现

比赛的胜负可能就在那么几英寸或几秒之间。在一些情况下，第一名和第二名的成绩相差不到1秒。是什么给优秀运动员或团队带来了优势？答案通常是优秀教练、天赋发挥和卓越训练的组合。核心训练在运动员获得比赛成功和免受损伤方面起着至关重要的作用。

所有运动员的综合训练计划中都应包含核心训练。本部分将重点介绍4种运动员的核心训练，即过顶投掷运动员、游泳运动员、挥舞球拍或球棒的运动员，以及高尔夫球手，同时为每种类型的运动员提供了一个高级核心训练计划示例。记住，在开始高级核心训练计划之前，大多数未经训练或训练不足的运动员应从基本或中等核心耐力训练计划开始（见表9.3）。

过顶投掷运动员

过顶投掷运动员会将从腿部产生的力量通过躯干传递给投掷臂。这种人体由近端至远端的运动次序使投掷臂能够以最大速度获得最大加速度。躯干肌肉组织功能失调可能会导致运动表现变差。例如，如果过顶投掷运动员在激活髋部肌肉组织（近端）之前激活他的肩部肌肉（远端），则其动作模式将出现异常，并且其表现将受到影响。躯干功能失调还会使运动员处于投掷臂受伤的风险中。如果躯干功能失调的标枪运动员仍试图在每次投掷时发挥最佳水平，则他将通过在肩部产生更多扭矩来进行代偿。重复使用此策略可能会使肩部或肘部的肌肉组织耐受力超过负荷，从而导致上肢的拉伤或扭伤。

表9.3　未经训练的运动员的核心训练计划示例

解决柔韧性限制问题。
使用基本或中等核心耐力练习。
使用低强度的运动专项快速伸缩复合训练。

练习	组数	重复次数或持续时间
侧桥（侧平板支撑）	2 ~ 3	保持10秒
前平板支撑	2 ~ 3	保持10秒
卷腹	1 ~ 2	10 ~ 30
臀桥	1 ~ 2	10 ~ 30
过顶抛球	1 ~ 2	20

表9.4列出了执行过顶投掷运动员的高级核心训练计划示例。力量教练可以根据运动员的具体需求对此训练计划进行修改。

表9.4　过顶投掷运动员的高级核心训练计划示例

练习	组数	重复次数
弓步	2 ~ 3	10 ~ 15
侧向弓步	2 ~ 3	10 ~ 15
弓步持球转体	2 ~ 3	10 ~ 15
站姿高低躯干旋转传球	2 ~ 3	20
瑞士球肩上推举	2 ~ 3	10
侧桥 - 肩关节外旋	2 ~ 3	15

游泳运动员

要保持有效的游泳姿势，游泳运动员必须有强壮的核心。强壮的核心能让肢体做出有力的打腿和划臂动作。核心无力，尤其是髋部无力，将影响运动表现并导致运动损伤（Pollard and Fernandez，2004；Allegrucci et al.，1994；Stocker et al.，1995）。蛙泳运动员由于常做重复性的内收动作，因此髋内收肌容易受伤（Grote et al.，2004）。要提升运动表现并降低受伤风险，游泳运动员应参与包含多平面运动的高级核心训练计划。表9.5列出了游泳运动员的高级核心训练计划示例。

挥舞球拍或球棒的运动员

网球和棒球等运动需要运动员产生巨大的力量。运动员必须将这些力量传递给上肢以击球。但是，这些运动中的摆动动作可能会导致腰部受伤。专业运动员Don Mattingly（棒球运动员）和Andre Agassi（网球运动员）在职业生涯后期都患有腰痛。核心训练可能有助于降低在这些运动中运动员脊柱受伤的风险。

首先，您需要认识到，许多人在网球发球或击球时使用的技术拙劣。结合您为这些运动员制订的任何训练计划，每个人都应该寻求专业教练的帮助，以提高技术水平。对运动员进行功能评估时，您应仔细评估其下肢的力量和功能。当运动员使用背部肌肉产生力量时，下肢功能失调可能会导致腰部受伤。表9.6列出了网球或棒球运动员的高级核心训练计划示例。

高尔夫球手

腰椎损伤占了高尔夫球手伤病的很大一部分。腰椎损伤是因为打高尔夫球时会产生

各种力量：剪切力、压缩力、扭力和横向弯曲力（McHardy et al.，2006；Hosea and Gatt，1996）。每次挥杆击球时，高尔夫球手的腰椎会承受大约人体重量8倍的压力载荷。

研究证据表明，有腰痛的高尔夫球手表现出核心力量和耐力不足的特点（Evans and Oldreive，2000；Evan et al.，2005；Vad et al.，2004）。

表9.5　游泳运动员的高级核心训练计划示例

练习	组	重复次数
俯卧平板转体	1 ~ 2	20 ~ 25
前平板支撑–髋关节伸展（双侧交替进行）	1 ~ 2	20 ~ 25
侧桥–髋关节外展（双侧交替进行）	1 ~ 2	20 ~ 25
瑞士球卷腹	1 ~ 2	20 ~ 25
脚撑瑞士球平板屈膝	1 ~ 2	20 ~ 25
绳索对角线练习（低到高和高到低）	1 ~ 2	20 ~ 25

表9.6　网球或棒球运动员的高级核心训练计划示例

练习	组	重复次数
弓步	2 ~ 3	10 ~ 15
侧向弓步	2 ~ 3	10 ~ 15
弓步转体	2 ~ 3	10 ~ 15
绳索对角线练习（每侧）	2 ~ 3	10 ~ 15
绳索对角线练习（低到高，每侧）	2 ~ 3	10 ~ 15

研究报告已经确定有腰痛的高尔夫球手也存在腹横肌和躯干回旋肌功能失调的问题（Evans and Oldreive，2000；Lindsay and Horton，2006）。虽然在研究文献中已经确定这些特定的肌肉存在功能失调，但您必须仔细

评估客户所有核心肌肉的耐力和功能。表9.7列出了高尔夫球手的高级核心训练计划示例。在高尔夫球手的核心计划中包含快速伸缩复合练习是提高运动表现和预防损伤的关键（Doan et al.，2006；Fletcher and Hartwell，2004）。

为有腰痛的高尔夫球手设计训练计划时，您必须考虑下列因素：客户的健身水平、客户的训练习惯（肌力和体能）、施加到脊柱的力量和高尔夫挥杆动作的多维性（Brumitt and Dale，2008；Coleman and Rankin，2005）。综合考虑这些因素（结合功能评估得出的结果）有助于您制订合适的训练计划。

表9.7 高尔夫球手的高级核心训练计划示例（Brumitt and Dale，2008）

练习	组	重复次数
滑轮下拉	3	3 ~ 6
弓步转体	2	15 ~ 20
悬挂扭转提膝	2	15 ~ 20
俯卧平板转体	2	15 ~ 20
罗马椅转体	2	15 ~ 20
杠铃/哑铃深蹲	2	15 ~ 20
过顶抛药球	1 ~ 3	10
站姿平抛（两侧）	1 ~ 3	10
坐姿平抛（两侧）	1 ~ 3	10

小结

在客户的训练计划中包含核心训练有助于减少受伤风险并增强客户的力量和功能（这对于运动员来说特别重要）。核心训练也是康复后客户继续进行功能恢复的一种有效方式。

可以说，身体的任何其他区域都不如核心那样应该得到重视。经受背痛和髋部疼痛的个体数量表明了在训练计划中纳入核心练习的必要性。美国每年有数千人需要医疗照顾，但如果他们接受过适当的训练，则可能会避免受伤。这些人中的一些人需要接受手术治疗，随后进行长时间的康复和康复后训练。健身专家可以积极影响其客户的训练和生活习惯，帮助客户做出改变，减少受伤的风险，防止未来出现需要接受手术治疗的情况。

训练核心对所有运动员都至关重要。当运动员的核心缺乏训练时，他们的运动表现可能会受到影响，并且与运动相关的损伤的风险可能会增加。

参考文献

第1章

Brown, K. 2004. One-on-one. Compliance: The phenomenon of giving up. *Strength and Conditioning Journal* 26(3): 68–69.

Chiu, L.Z.F. 2007. Are specific spine stabilization exercises necessary for athletes? *Strength and Conditioning Journal* 29(1): 15–17.

Fredericson M, Cookingham C.L., Chaudhari A.M., Dowdell B.C., Oestreicher N, and S.A. Sahrmann. 2000. Hip abductor weakness in distance runners with iliotibial band syndrome. *Clinical Journal of Sports Medicine* 10(3): 169–175.

Jaramillo, J., T.W. Worrell, and C.D. Ingersoll. 1994. Hipisometric strength following knee surgery. *Journal of Orthopaedic and Sports Physical Therapy* 20(3): 160–165.

Katz, J.N. 2006. Lumbar disc disorders and low-back pain: socioeconomic factors and consequences. *Journal of Bone and Joint Surgery (Am)* 88 Suppl 2: 21–24.

Kibler, W.B. 1998. The role of the scapula in athletic shoulder function. *American Journal of Sports Medicine* 26(2): 325–337.

Kibler, W.B., J. Press, and A. Sciascia. 2006. The role of core stability in athletic function. *Sports Medicine* 36(3): 189–198.

Leetun D.T., M.L. Ireland, J.D. Willson, B.T. Ballantyne, and M. Davis. 2004. Core stability measures as risk factors for lower extremity injury in athletes. *Medicine and Science in Sports and Exercise* 36(6): 926–934.

Luo, X., R. Pietrobon, S.X. Sun, G.G. Liu, and L. Hey. 2004. Estimates and patterns of direct health care expenditures among individuals with back pain in the United States. *Spine* 29(1): 79–86.

McGill, S. 2002. *Low back disorders: Evidence-based prevention and rehabilitation*. Champaign, IL: Human Kinetics.

Middleton, A. 2004. Chronic low back pain: Patient compliance with physiotherapy advice and exercise, perceived barriers and motivation. *Physical Therapy Reviews* 9(3): 153–160.

Milne, M., C. Hall, and L. Forwell. 2005. Self-efficacy, imagery use, and adherence to rehabilitation by injured athletes. *Journal of Sport Rehabilitation* 14(2): 150–167.

Muse, T. 2005. Motivation and adherence to exercise for older adults. *Topics in Geriatric Rehabilitation* 21(2): 107–115.

Nadler, S.F., G.A. Malanga., M. DePrince, T.P. Stitik, and J.H. Feinberg. 2000. The relationship between lower extremity injury, low back pain, and hip muscle strength in male and female collegiate athletes. *Clinical Journal of Sports Medicine* 10(2): 89–97.

Nadler, S.F., G.A. Malanga, J.H. Feinberg, M. Prybicien, T.P. Stitik, and M. Deprince. 2001. Relationship between hip muscle imbalance and occurrence of low back pain in collegiate athletes: a prospective study. *American Journal of Physical Medicine and Rehabilitation* 80(8): 572–577.

Niemuth, P.E., R.J. Johnson, M.J. Myers, and T.J. Thieman. 2005. Hip muscle weakness and overuse injuries in recreational runners. *Clinical Journal of Sport Medicine* 15(1): 14–21.

Plisky, M.S., M.J. Rauh, B. Heiderscheit, F.B. Underwood, and R.T. Tank. 2007. Medial tibial stress syndrome in high school cross–country runners: incidence and risk factors. *Journal of Orthopaedic and Sports Physical Therapy* 37(2): 40–47.

Rauh, M.J., T.D. Koepsell, F.P. Rivara, A.J. Margherita, and S.G. Rice. 2006. Epidemiology of musculoskeletal injuries among high school cross–country runners. *American Journal of Epidemiology* 163(2): 151–159.

Rauh, M.J., A.J. Margherita, S.G. Rice, T.D. Koepsell, and F.P. Rivara. 2000. High school cross country running injuries: A longitudinal study. *Clinical Journal of Sport Medicine* 10(2): 110–116.

Rasmussen–Barr, E., Nilsson–Wikmar, L., & Arvidsson, I. 2003. Stabilizing training compared with manual treatment in subacute and chronic low–back pain. *Manual Therapy* 8(4), 233–241.

Sabin, K.L. 2005. Older adults and motivations for therapy and exercise: Issues, influences, and interventions. *Topics in Geriatric Rehabilitation* 21(3): 215–220.

Vad, V.B., A.L. Bhat, D. Basrai, A. Gebeh, D.D. Aspergren, and J.R. Andrews. 2004. Low back pain in professional golfers: the role of associated hip and low back range–of motion deficits. *American Journal of Sports Medicine* 32(2): 494–497.

第2章

Behnke, R. 2006. *Kinetic anatomy.* 2nd ed. Champaign, IL: Human Kinetics.

Bogduk, N. 2005. *Clinical anatomy of the lumbar spine and sacrum.* 4th ed. New York: Elsevier.

Ellenbecker, T.S., and G.J. Davies. 2001. *Closed kinetic chain exercises: A comprehensive guide to multiple joint exercises.* Champaign, IL: Human Kinetics.

Katz, J.N. 2006. Lumbar disc disorders and low–back pain: socioeconomic factors and consequences. *Journal of Bone and Joint Surgery (Am)* 88(Suppl 2): 21–24.

Khaund, R., and S.H. Flynn. 2005. Iliotibial band syndrome: A common source of knee pain. *American Family Physician* 71: 1545–1550.

Kibler, W.B. 1994. Clinical biomechanics of the elbow in tennis: Implications for evaluation and diagnosis. *Medicine and Science in Sports and Exercise* 26(10): 1203–1206.

Kibler, W.B., J. Press, and A. Sciascia. 2006. The role of core stability in athletic function. *Sports Medicine* 36(3): 189–198.

Luo, X., Pietrobon, R., Sun, S.X., Liu, G.G., and L. Hey. 2004. Estimates and patterns of direct health care expenditures among individuals with back pain in the United States. *Spine* 29(1): 79–86.

McGill, S. 2002. *Low back disorders: Evidence-based prevention and rehabilitation.* Champaign, IL: Human Kinetics.

Neumann, D.A. 2002. *Kinesiology of the musculoskeletal system: Foundations for physical rehabilitation.* St. Louis: Mosby.

Niemuth, P.E., R.J. Johnson, M.J. Myers, and T.J. Thieman. 2005. Hip muscle weakness and overuse injuries in recreational runners. *Clinical Journal of Sport Medicine* 15(1): 14–21.

Powers, C.M. 2003. The influence of altered lower–extremity kinematics on patellofemoral joint dysfunction: A theoretical perspective. *Journal of Orthopaedic and Sports Physical Therapy* 33(11): 639–646.

Rasmussen–Barr, E., L. Nilsson–Wikmar, and I. Arvidsson. 2003. Stabilizing training compared with manual treatment in subacute and chronic low–back pain. *Manual Therapy* 8(4), 233–241.

Richardson, C., G. Jull, P. Hodges, and J. Hides. 1999. *Therapeutic exercise for spinal segmental stabilization in low back pain: Scientific basis and clinical approach*. New York: Churchill Livingstone.

Roetert, E.P., T.S. Ellenbecker, D.A. Chu, and B.S. Bugg. 1997. Tennis–specific shoulder and trunk strength training. *Strength and Conditioning Journal* 19(3): 31–43.

Trainor, T.J., and S.W. Wiesel. 2002. Epidemiology of back pain in the athlete. *Clinical Sports Medicine* 21(1): 93–103.

Travell, J.G., and D.G. Simons. 1983. *Myofascial pain and dysfunction: The trigger point manual*. Vol. 1. Baltimore: Williams & Wilkins.

Young, J.L., J.M. Press, and S.A. Herring. 1997. The disc at risk in athletes: Perspectives on operative and nonoperative care. *Medicine and Science in Sports and Exercise* 29(7): 222–232.

第3章

Jamnik, V.K., N. Gledhill, and R.J. Shephard. 2007. Revised clearance for participation in physical activity: greater screening responsibility for qualified university–educated fitness professionals. *Applied Physiology, Nutrition, and Metabolism* 32(6): 1191–1197.

McGill, S. 2002. Low back disorders: *Evidence-based prevention and rehabilitation*. Champaign, IL: Human Kinetics.

Shephard, R.J. 1988. PAR–Q, Canadian home fitness test and exercise screening alternatives. *Sports Medicine* 5(3): 185–195.

Thomas, S., J. Reading, and R.J. Shephard. 1992. Revision of the physical activity readiness questionnaire (PAR_Q). *Canadian Journal of Sports Sciences* 17(4): 338–345.

第4章

Biering–Sorensen, F. 1984. Physical measure ments as risk indicators for low–back trouble over a one–year period. *Spine* 9: 106–119.

DiMattia, M.A., A.L. Livengood, T.L. Uhl, C.G. Mattacola, and T.R. Malone. 2005. What are the validity of the singleleg–squat test and its relationship to hip–abduction strength? *Journal of Sport Rehabilitation* 14: 108–123.

Gao, X., D. Gordon, D. Zhang, R. Browne, C. Helms, J. Gillum, S. Weber, S. Devroy, S. Swaney, M. Dobbs, J. Morcuende, V. Sheffield, M. Lovett, A. Bowcock, J. Herring, and C. Wise. 2007. CHD7 gene polymorphisms are associated with suscep tibility to idiopathic scoliosis. *American Journal of Human Genetics* 80(5): 957–965.

Gribble, P. 2003. The star excursion balance tests as a measurement tool. *Athletic Therapy Today* 8(2): 46–47.

Jewell, D.V. 2008. *Guide to evidence-based physical therapy practice*. Sudbury, MA: Jones and Bartlett.

Livengood, A.L., M.A. DiMattia, and T.L. Uhl. 2004. "Dynamic trendelenburg": Single–leg–squat test for gluteus medius strength. *Athletic Therapy Today* 9(1): 24–25.

McGill, S. 2002. *Low back disorders: Evidence-based prevention and rehabilitation*. Champaign, IL: Human Kinetics.

Plastaras, C.T., J.D. Rittenberg, K.E. Rittenberg, J.

Press, and V. Akuthota. 2005. Comprehensive functional evaluation of the injured runner. *Physical Medicine and Rehabilitation Clinics of North America* 16: 623–649.

Plisky, P.J., M.J. Rauh, T.W. Kaminski, and F.B. Underwood. 2006. Star excursion balance test as a predictor of lower extremity injury in high school basketball players. *Journal of Orthopaedic Sports Physical Therapy* 36(12): 911–919.

Portney, L.G., and M.P. Watkins. 1999. *Foundations of clinical research: Applications to practice*. 2nd ed. Norwalk, CT: Appleton & Lange.

Zeller, B.L., J.L. McCrory, W.B. Kibler, and T.L. Uhl. 2003. Differences in kinematics and electromyographic activity between men and women during the single-legged squat. *American Journal of Sports Medicine* 31: 449–456.

第5章

Alaranta, H., S. Luoto, M. Heliovaara, and H. Hurri. 1995. Static back endurance and the risk of low-back pain. *Clinical Biomechanics* 10(6): 323–324.

Baechle, T.R., R.W. Earle, and D. Wathen. 2000. Resistance training. In T.R. Baechle and R.W. Earle (Eds.), *Essentials of st rength t raining and conditioning*. 2nd ed. Champaign, IL: Human Kinetics.

Biering-Sorensen, F. 1984. Physical measure ments as risk indicators for low-back trouble over a one-year period. *Spine* 9: 106–119.

Doan, B.K., R.U. Newton, Y.H. Kwon, and W.J. Kraemer. 2006. Effects of physical conditioning on intercollegiate golfer performance. *Journal of Strength and Conditioning Research* 20(1): 62–72.

Fletcher, I.M., and M. Hartwell. 2004. Effect of an 8-week combined weights and plyometrics training program on golf drive performance. *Journal of Strength and Conditioning Research* 18(1): 59–62.

McGill, S. 2002. *Low back disorders: Evidence-based prevention and rehabilitation*. Champaign, IL: Human Kinetics.

McGill, S. 2004. *Ultimate back fitness and performance*. Ontario, Canada: Wabano.

Myer, G.D., Ford, K.R., Brent, J.L., and T.E. Hewett. 2006. The effects of plyometric vs. dynamic stabilization and balance training on power, balance, and landing force in female athletes. *Journal of Strength and Conditioning Research* 20(2): 345–353.

Myer, G.D., Chu, D.A., Brent, J.L., and T.E. Hewett. 2008. Trunk and hip control neuro muscular training for the prevention of knee joint injury. *Clinics in Sports Medicine* 27(3): 425–448.

Wathen, D., T.R. Baechle, and R.W. Earle. 2000. Training variation: Periodization. In T.R. Baechle and R.W. Earle (Eds.), *Essentials of strength training and conditioning*. 2nd ed. Champaign, IL: Human Kinetics.

第6章

Chu, D.A., and D.J. Cordier. 2000. Plyometrics in rehabilitation. In T.S. Ellenbecker, *Knee ligament rehabilitation*. New York: Churchill Livingstone.

McGill, S.M. 2002. *Low back disorders: Evidence-based prevention and rehabilitation*. Champaign, IL: Human Kinetics.

McGill, S.M. 2004. *Ultimate back fitness and performance*. Waterloo, Ontario, Canada: Wabuno.

第7章

Alter, M.J. 2004. *Science of flexibility*. 3rd ed.

Champaign, IL: Human Kinetics.

Bandy, W.D., J.M. Irion, and M. Briggler. 1994. The effect of time on static stretch on the flexibility of the hamstring muscles. *Physical Therapy* 74(9): 845–852.

Bannerman, N., E. Pentecost, S. Rutter, S. Willoughby, and A. Vujnovich. 1996. Increase in soleus muscle length: A comparison between two stretching techniques. *New Zealand Journal of Physiotherapy* 24(3): 15–18.

Barlow, A., R. Clarke, N. Johnson, B. Seabourne, D. Thomas, and J. Gal. 2004. Effect of massage on the hamstring muscle group on performance of the sit and reach test. *British Journal of Sports Medicine* 38: 349–351.

Beedle, B.B., and C.L. Mann. 2007. A comparison of two warm-ups on joint range of motion. *Journal of Strength and Conditioning Research* 21(3): 776–779.

Boyle, K.L., P. Witt, and C. Riegger-Krugh. 2003. Intra-rater and inter-rater reliability of the Beighton and Horan joint mobility index. *Journal of Athletic Training* 38: 281–285.

Bradley, P.S., P.D. Olsen, and M.D. Portas. 2007. The effect of static, ballistic, and proprioceptive neuromuscular facilitation stretching on vertical jump performance. *Journal of Strength and Conditioning Research* 21(1): 223–226.

Brumitt, J. 2008. The role of massage in sports performance and rehabilitation: Current evidence and future direction. *North American Journal of Sports Physical Therapy* 3(1): 7–21.

Clark, M.A., and A. Russell. 2002. *Optimum performance training for the performance enhancement specialist: Home study course.* Thousand Oaks, CA: National Academy of Sports Medicine.

Decoster, L.C., J. Cleland, C. Altieri, and P. Russell. 2005. The effect of hamstring stretching on range of motion: A systematic literature review. *Journal of Orthopaedic and Sports Physical Therapy* 35: 377–387.

Faigenbaum, A.D., M. Belluci, A. Bernieri, B. Bakker, and K. Hoorens. 2005. Acute effects of different warm-up protocols on fitness performance in children. *Journal of Strength and Conditioning Research* 19(2): 376–381.

Fredericson, M., J.J. White, J.M. MacMahon, and T.P. Andriacchi. 2002. Quantitative analysis of the relative effectiveness of 3 iliotibial band stretches. *Archives of Physical Medicine and Rehabilitation* 83: 589–592.

Hendrick, A. 2000. Dynamic flexibility training. *Strength and Conditioning Journal* 22(5): 33–38.

Hewett, T.E., T.N. Lindenfeld, J.V. Riccobene, and F.R. Noyes. 1999. The effect of neuromuscular training on the incidence of knee injury in female athletes: A prospective study. *American Journal of Sports Medicine* 27(6): 699–706.

Holcomb, W.R. 2000. Stretching and warmup. In T.R. Baechle and R.W. Earle (Eds.), *Essentials of strength training and conditioning.* 2nd ed. Champaign, IL: Human Kinetics.

Hopper, D., M. Conneely, F. Chromiak, E. Canini, J. Berggren, and K. Briffa. 2005. Evaluation of the effect of two massage techniques on hamstring muscle length in competitive female hockey players. *Physical Therapy in Sport* 6: 137–145.

Jeffreys, I. 2008. Warm-up and stretching. Chap. 13 in T.R. Baechle and R.W. Earle (Eds.), *Essentials of strength training and conditioning.* 3rd ed. Champaign, IL: Human Kinetics.

Kaltenborn, J.M. 2006. The foam roll: A complement to any therapy. *Athletic Therapy Today* 11(1): 38–39.

LaRoche, D.P., and D.A.J. Connolly. 2006. Effects of stretching on passive muscle tension and response to eccentric exercise. *American Journal of Sports Medicine* 34(6): 1000–1007.

Little, T., and A.G. Williams. 2006. Effects of differential stretching protocols during warm-ups on high-speed motor capacities in professional soccer players. *Journal of Strength and Conditioning Research* 20(1): 203–207.

Mangine, G.T., N.A. Ratamess, J.R. Hoffman, A.D. Faigenbaum, J. Kang, and A. Chilakos. 2008. The effects of combined ballistic and heavy resistance training on maximal lowerand upper-body strength in recreationally trained men. *Journal of Strength and Conditioning Research* 22(1): 132–139.

Messier, S.P., D.G. Edwards, and D.F. Martin. 1995. Clinical investigations: Etiology of iliotibial band friction syndrome in distance runners. *Medicine and Science in Sports and Exercise* 27(7): 951–960.

Nelson, A.G., J. Kokkonen, and D.A. Arnall. 2005. Acute muscle stretching inhibits muscle strength endurance performance. *Journal of Strength and Conditioning Research* 19(2): 338–343.

Paluska, S.A. 2005. An overview of hip injuries in running. *Sports Medicine* 35(11): 991–1014.

Rubini, E.C., A.L.L. Costa, and P.S.C. Gomes. 2007. The effects of stretching on strength performance. *Sports Medicine* 37(3): 213–224.

Stone, M., M.W. Ramsey, A.M. Kinser, H.S. O'Bryant, C. Ayers, and W.A. Sands. 2006. Stretching: Acute and chronic? The potential consequences. *Strength and Conditioning Journal* 28(6): 66–74.

Unick, J., H.S. Kieffer, W. Cheesman, and A. Feeney. 2005. The acute effects of static and ballistic stretching on vertical jump per formance in trained women. *Journal of Strength and Conditioning Research* 19(1) (February): 206–212.

Woods, K., P. Bishop, and E. Jones. 2007. Warm-up and stretching in the prevention of muscular injury. *Sports Medicine* 37(12): 1089–1099.

Woolstenhulme, M.T., C.M. Griffiths, E.M. Woolstenhulme, and A.C. Parcell. 2006. Ballistic stretching increases flexibility and acute jump height when combined with basketball activity. *Journal of Strength and Conditioning Research* 20(4): 799–803.

Yamaguchi, T., and K. Ishii. 2005. Effects of static stretching for 30 seconds and dynamic stretching on leg extension power. *Journal of Strength and Conditioning Research* 19(3): 677–683.

Yamaguchi, T., K. Ishii, M. Yamanaka, and K. Yasuda. 2006. Acute effect of static stretching on power output during concentric dynamic constant external resistance leg extension. *Journal of Strength and Conditioning Research* 20(4): 804–810.

第8章

Allerheiligen, B., and R. Rogers. 1995. Plyometrics program design, part 2. *NSCA Journal* 17(5): 33–39.

Chu, D.A. 1998. *Jumping into plyometrics*. 2nd ed. Champaign, IL: Human Kinetics.

Chu, D.A. 2001. Point/counterpoint: Plyometrics or not?—Counterpoint. *Strength and Conditioning Journal* 23(2): 71–72.

Chu, D.A., and D.J. Cordier. 2000. Plyometrics

in rehabilitation. In T.S. Ellenbecker, *Knee ligament rehabilitation*. New York: Churchill Livingstone.

Doan, B.K., R.U. Newton, Y.H. Kwon, and W.J. Kraemer. 2006. Effects of physical conditioning on intercollegiate golfer performance. *Journal of Strength and Conditioning Research* 20(1): 62–72.

Fletcher, I.M., and M. Hartwell. 2004. Effect of an 8-week combined weights and plyometrics training program on golf drive performance. *Journal of Strength and Conditioning Research* 18(1): 59–62.

Harman, E. 2000. The biomechanics of resistance exercise. In T.R. Baechle and R.W. Earle (Eds.), *Essentials of strength training and conditioning*. 2nd ed. Champaign, IL: Human Kinetics.

Hewett, T.E., T.N. Lindenfeld, J.V. Riccobene, and F.R. Noyes. 1999. The effect of neuromuscular training on the incidence of knee injury in female athletes: A prospective study. *American Journal of Sports Medicine* 27(6): 699–706.

Hewett, T.E., A.L. Stroupe, T.A. Nance, and F.R. Noyes. 1996. Plyometric training in female athletes: Decreased impact forces and increased hamstring torques. *American Journal of Sports Medicine* 24(6): 765–773.

Holcomb, W.R., D.M. Kleiner, and D.A. Chu. 1998. Plyometrics: considerations for safe and effective training. *Strength and Conditioning Journal* 20(3): 36–39.

Knuttgen, H., and W. Kraemer. 1987. Terminology and measurement in exercise performance. *Journal of Applied Sport Science Research* 1(1): 1–10.

National Strength and Conditioning Association. 1993. *National Strength and Conditioning Journal* 15(3):16.

Potach, D.H., and D.A. Chu. 2000. Plyometric training. In T.R. Baechle and R.W. Earle (Eds.), *Essentials of strength training and conditioning*. 2nd ed. Champaign, IL: Human Kinetics.

Radcliffe, J.C., and R.C. Farentinos. 1999. *High-powered plyometrics*. Champaign, IL: Human Kinetics.

Stone, M.H., and H.S. O'Bryant. 1987. *Weight training: A scientific approach*. Minneapolis: Bellwether Press.

Wathen, D. 1993. Literature review: plyometric exercise. *National Strength and Conditioning Journal* 15(3): 17–19.

第9章

Allegrucci, M., S.L. Whitney, and J.J. Irrgang. 1994. Clinical implications of secondary impingement of the shoulder in freestyle swimmers. *Journal of Orthopaedic Sports Physical Therapy* 20(6): 307–318.

ACOG Committee on Obstetric Practice. 2002. ACOG Committee Opinion. Number 267, January 2002: Exercise during pregnancy and the postpartum period. *Obstetrics and Gynecology* 99: 171–173.

Anderson, K., S.M. Strickland, and R. Warren. 2001. Hip and groin injuries in athletes. *American Journal of Sports Medicine* 29(4): 521–533.

Brumitt, J., and R.B. Dale. 2008. Functional rehabilitation exercise prescription for golfers. *Athletic Therapy Today* 13(2): 37–41.

Coleman, S.C., and A.J. Rankin. 2005. A three-dimensional examination of the planar nature of the golf swing. *Journal of Sports Sciences* 23(3): 227–234.

Doan, B., R. Newton, Y. Kwon, and W. Kraemer. 2006. Effects of physical conditioning on intercollegiate golfer performance. *Journal of Strength and Conditioning Research* 20(1): 62–72.

Evans, C., and W. Oldreive. 2000. A study to investigate whether golfers with a history of low back pain show a reduced endurance of transversus abdominis. *Journal of Manipulative and Physiological Therapeutics* 8(4): 162–174.

Evans, K., K. Refshauge, R. Adams, and L. Aliprandi. 2005. Predictors of low back pain in young elite golfers: A preliminary study. *Physical Therapy in Sport* 6(3): 122–130.

Fletcher, I., and M. Hartwell. 2004. Effect of an 8-week combined weights and plyometric training program on golf drive performance. *Journal of Strength and Conditioning Research* 18(1): 59–62.

Grote, K., T.L. Lincoln, and J.G. Gamble. 2004. Hip adductor injury in competitive swimmers. *American Journal of Sports Medicine* 32(1): 104–108.

Hosea, T.M., and C.J. Gatt Jr. 1996. Back pain in golf. *Clinics in Sports Medicine* 15(1): 37–53.

Lindsay, D., and J. Horton. 2006. Comparison of spine motion in elite golfers with and without low back pain. *North American Journal of Sports Physical Therapy* 1(2): 80–89.

McHardy, A., H. Pollard, and K. Luo. 2006. Golf injuries: A review of the literature. *Sports Medicine* 36(2): 171–187.

Ostelo, R.W., H.C. de Vet, G. Waddell, M.R. Kerckhoffs, P. Leffers, and M. van Tulder. 2003. Rehabilitation following first-time disc surgery:

A systematic review within the framework of the Cochrane collaboration. *Spine* 28(3): 209–218.

Pollard, H., and M. Fernandez. 2004. Spinal musculoskeletal injuries associated with swimming: A discussion of technique. *Australasian Chiropractic and Osteopathy* 12(2): 72–80.

Rasmussen-Barr, E., L. Nilsson-Wikmar, and I. Arvidsson. 2003. Stabilizing training compared with manual treatment in sub-acute and chronic low-back pain. *Manual Therapy* 8(4): 233–241.

Stocker, D., M. Pink, and F.W. Jobe. 1995. Comparison of shoulder injury in collegiate- and master's-level swimmers. *Clinical Journal of Sport Medicine* 5(1): 4–8.

Tyler, T.F., S.J. Nicholas, R.J. Campbell, S. Donellan, and M.P. McHugh. 2002. The effectiveness of a preseason exercise program to prevent adductor muscle strains in professional hockey players. *American Journal of Sports Medicine* 30(5): 680–683.

Tyler, T.F., S.J. Nicholas, R.J. Campbell, and M.P. McHugh. 2001. The association of hip strength and flexibility with the incidence of adductor muscle strains in professional ice hockey players. *American Journal of Sports Medicine* 29(2): 124–128.

Vad, V.B., A.L. Bhat, D. Basrai, A. Gebeh, D.D. Aspergren, and J.R. Andrews. 2004. Low back pain in professional golfers: The role of associated hip and low back range-ofmotion deficits. *American Journal of Sports Medicine* 32(2): 494–497.

关于作者

杰森·布鲁米特

物理治疗学专业理学硕士（MSPT），体能训练专家（SCS），认证运动伤害防护师（ATC），认证体能训练专家（CSCS）。他在太平洋大学取得物理治疗学专业理学硕士学位，现为太平洋大学物理治疗学专业教师、落基山大学健康学专业博士研究生。他在运动物理治疗领域取得了广泛认证。在教学之外，他还为太平洋大学的学生运动员提供诊疗康复服务。

布鲁米特是美国国家体能协会（NSCA）期刊《运动表现训练》（*Performance Training Journal*）特色栏目"一盎司的预防"（Ounce of Prevention）的专栏作者，曾在《北美运动物理治疗期刊》（*North American Journal of Sports Physical Therapy*）、《新西兰物理疗法期刊》（*New Zealand Journal of Physiotherapy*）、《物理治疗理论与实务》（*Physiotherapy Theory and Practice*）、《体能训练期刊》（*Strength and Conditioning Journal*）、《今日体育疗法》（*Athletic Therapy Today*）上发表过很多关于运动医学和体能训练的论文，并多次以美国国家体能协会、西北运动教练协会（NWATA）受邀嘉宾的身份，在地方和国家级的学术会议上进行有关核心训练的发言。

关于译者

王轩，武汉体育学院运动人体科学专业硕士，国家认证的康复治疗师；2012年起就职于湖北省体育科学研究所，主要工作是为湖北省队优秀运动员进行康复和体能训练；担任备战2016里约奥运会身体功能训练团队体能教练，为国家游泳队（徐国义组、叶瑾组）和国家女子篮球队提供体能训练等相关服务保障；2017—2022年被借调至国家乒乓球队，担任女一队体能训练组组长，负责包括丁宁、刘诗雯、陈梦、王曼昱、孙颖莎等球员的日常体能训练指导工作。2022年10月至今担任湖北省体育科学研究所体能中心负责人。